KB235634

사고력·창의력을 길러주는 과학이야기

초능력의 수수께끼

학생과학문고편찬회 엮음

Home BOOK

책머리에

　오늘날 우리는 온갖 문명의 편리를 누리며 살고 있습니다. 버튼만 누르면 지구의 반대편 사람과도 얼굴을 보고 이야기하고, 인공 위성을 타고 우주 여행을 하고, 복제 양을 만들어 내는 등 예전에는 상상도 못했던 일들이 일어나고 있습니다. 이러한 모든 일들은 과학의 힘으로 이루어지고 있습니다.

　과학의 발달은 곧 인류 문명 발달의 역사라 할 수 있습니다. 과학의 발전 없이는 국가의 발전을 기대할 수 없습니다. 오늘날 세계의 강대국이라고 자타가 인정하는 나라들은 모두 과학 발전에 엄청난 힘을 기울이고 있습니다. 왜냐 하면, 과학 기술의 발달은 국가 안보와 경제 발전, 그리고 국민 복지 향상의 척도이기 때문입니다.

　제2차 세계 대전 후 선진 공업 국가들은 막대한 연구비를 투자해 가며 과학 기술의 우위를 차지하려고 노력해 왔습니다. 오늘날, 반도체를 중심으로 한 전자 공업, 컴퓨터를 중심으로 한 정보 산업, 생명 공학 등의 첨단 과학 기술은 선진국과 후진국을 판가름하는 기준이 되기에 이르렀습니다.

　그러나 과학 기술의 발전은 단시일 내에 이루어지는 것이 아닙니다. 과학자들의 꾸준한 연구와 인재 양성, 그리고 과학 기술 전반에 걸친 국민적 관심이 있어야만 가능합니다.

특히, 자라나는 2세들을 위한 과학 교육은 어려서부터 자연과 접촉하며 호기심과 흥미를 갖는 데서부터 시작됩니다. 이러한 호기심이 문제를 해결하고 보다 큰 창의력으로 나아갈 때 이것은 곧 미래에 훌륭한 과학 기술을 연구, 발전시키는 밑거름이 되는 것입니다.

이 책은 학생들이 과학 공부에 더없이 좋은 학습 참고서가 될 것이며, 과학 기술에 대한 흥미와 관심을 갖는 데 많은 도움을 줄 것입니다. 또한, 과학에 대한 올바른 지식과 합리적이고 논리적인 사고력을 길러, 창의력을 갖춘 미래의 훌륭한 과학자로서의 자질을 갖출 수 있도록 했습니다.

부디 이 책을 통해 미래의 훌륭한 과학자들이 많이 배출되기를 기원해 마지않습니다.

편집자 씀

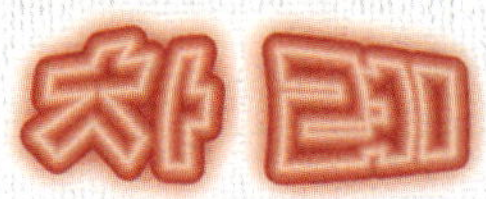

차례

실종 미스터리의 수수께끼

초능력의 수수께끼

4차원 세계란 무엇인가?

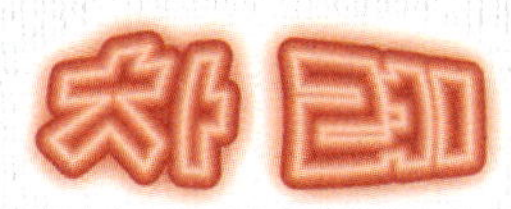

차례

어긋난 시간

마침내 풀리게 되는 4차원의 수수께끼

우주의 이차원 세계

실종 미스터리의 수수께끼

이차원의 세계

● 일순간에 수천 킬로미터를

미국 오리건주의 어느 농촌에서 생긴 일이다. 농장주의 부인은 생일 선물로 망아지를 사러 딸 샤론을 데리고 10킬로미터쯤 떨어진 목장으로 망아지를 사러 갔다.

마침 안성맞춤인 망아지가 있었다. 샤론은 망아지를 사 달라고 졸라대었다.

"그러면 조심해서 타고 가도록 해야 한다. 망아지가 어리기 때문에 달리면 위험해……."

샤론을 타이른 부인은 자동차를 운전하며 딸이 타고 가는 망아지의 뒤를 천천히 따라갔다.

그런데 목장을 나와 얼마 가지 않아 커브 길을 돌아서 가는 순간, 앞서 가고 있던 망아지와 샤론의 모습이 갑자기 보이지 않았다.

"아니, 그렇게 타일렀는데도 달려가다니!"

부인은 혼자 중얼거리면서 자동차의 속도를 올려 뒤쫓아갔다. 그러나 샤론과 망아지의 모습은 끝내 보이지 않았다.

길은 한 갈래뿐이고 샤론이 아무리 빨리 달렸다고 해도 잠깐 사이에 그처럼 멀리 갔을 리가 없다. 더구나 길가에 떨어질 만한 벼랑이나 시내도 없다. 부인은 불길한 예감에 사로잡혔다.

'틀림없이 무엇인가 이상한 일이 일어났어.'

부인은 이렇게 생각하고서 재빨리 차를 몰아 집에 도착했다. 불과 5~6분 동안에 온 것이다. 그런데 뜻밖에도 샤론이 망아지에 탄 채로 집앞에 서 있지 않은가?

샤론은 넋을 잃은 듯이 가만히 서 있다가 어머니의 얼굴을 보고는 깜짝 놀란 듯이 울음을 터뜨렸다. 어머니는 샤론을 달래면서 사정을 물어 보았다.

샤론은 "커브를 도는 순간 갑자기 몸이 떨림과 함께 가벼워지더니 눈앞이 깜깜해졌다. 그러더니 이내 정신이 돌아와 눈을 떠 보니 집앞이었다."라고 대답했다.

부인은 물론 동네 사람들은 그 이상한 일에 모두 다 놀라지 않을 수 없었다. 부인이 샤론을 찾기 위해 그 커브 길 근처에서 우물쭈물 살핀 것도 불과 1, 2분 정도이고, 그로부터 5, 6분 만에 집에 도착한 것이다. 합해서 겨우 7, 8분이 걸린 것이다.

하여간 얼마만큼 빨리 달렸다고 해도 그처럼 빨리 집에 도착했다는 것은 이상하기만 한 것이다.

그런데 샤론의 망아지 역시 이상하기 짝이 없었다. 10킬로미터 정도가 되는 길을 그토록 빨리 도착하다니 도대체 어떻게 된 일인가? 아무리 생각해 보아도 이상한 망아지이다.

이러한 일은 다만 한 예에 국한된 것이 아니다. 최근 2, 3년 전에도 브라질에서 이와 비슷한 사건이 일어났다. 더욱이 이때는 이동 거리가 엄청났다. 무려 7,000킬로미터나 이동한 것이다.

브라질 남쪽에 있는 항구 사웅파울로가 그 무대였다. 브라질 사람인 페리스 부부는 고속 도로를 시속 100킬로미터의 속도로 국경 가까이에 있는 폰타포란의 자기 집을 향하여 달려갔다.

해가 지자 하이웨이는 마침내 깜깜해졌다. 앞뒤 어디에도 자동차의 헤드라이트가 보이지 않았다. 다만 자기 차의 헤드라이트만 어둠을 밝힐 따름이었다.

때마침 페리스는 전방 400~500미터인 곳에 짙은 안개가 낀 것을 느꼈다. 이상한 예감이 든 페리스는 자동차의 브레이크를 밟았다. 자동차는 '끼익' 하는 소리를 내면서 그 안개 속으로 달려갔으나 다음 순간 페리스 부부는 의식을 잃고 말았다.

먼저 의식을 되찾은 것은 부인이었다. 부인은 둘레를 살펴보았다. 순간 부인은 뜻밖의 일에 아무 말도 못한 채 남편의 몸을 흔들었다.

눈을 뜬 페리스는 창문 밖을 보고는 "앗! 도대체 여기가 어디지?" 하고 외쳤다. 그 곳은 지금까지 그들이 달리고 있던 어두운 하이웨이가 아니었다.

자동차와 사람들이 빈번하게 왕래하고, 네온사인이 눈부시게

빛나고 있는 대도시의 한복판이었다.

페리스는 차에서 내려 통행인에게 이 거리가 어디인지 물어보았다. 통행인은 이상한 표정을 짓더니, "여기는 물론 멕시코시티입니다." 하고 대답했다.

페리스 부부는 아연 실색하였다. 브라질의 사웅파울로로부터 멕시코의 수도 멕시코시티까지는 무려 7,000킬로미터 정도 떨어져 있기 때문이었다.

두 사람은 질문 끝에 또 하나의 놀라운 일을 알게 되었다. 그들은 자신들이 의식을 잃은 것은 겨우 한 순간이었다고 생각했다. 그러나 실제는 30시간이나 지난 것이었다.

　도대체 어떻게 해서 페리스 부부가 자동차와 함께 7,000킬로미터의 여행을 한 것일까? 그 30시간 동안 두 사람은 어디서 무엇을 하고 있었는가? 그들은 전혀 상상할 수도 없었다.

　더욱이 이러한 종류의 사건은 단지 이것뿐만이 아니다. 브라질의 리오그란데로부터 멕시코까지 날려간 사람도 있다. 포르투갈의 리스본으로부터 오스트레일리아의 시드니 가까이까지 날려간 사람도 있다.

　더욱이 사건에 끼여든 사람들은 어떻게 해서 그러한 일이 일어난 것인지를 전혀 모르고 있는 것이다.

　호수가 몇 킬로미터를 움직인다는 걸 믿을 수 있을까?

　스웨덴의 탐험가 헤딘을 대장으로 한 일행이 중국의 타클라마칸 사막을 탐험하면서 겪은 이야기는 참으로 신비스럽기까지 하다.

헤딘은 사막의 동쪽 입구에서 큰 호수를 발견했다. 이 때 헤딘은 세 번째로 이 곳을 탐험하는 길이었다.

'어! 이상한데.'

첫번째, 두 번째 왔을 때는 이 곳에 호수가 없었다. 헤딘은 고개를 갸웃거렸다. 처음 왔을 때 기록한 지도를 펼쳐 대조해 봤다.

"이상해. 분명히 이 곳엔 호수가 없었는데, 호수의 위치가 바뀌었어."

헤딘은 혼자말로 중얼거렸다. 그리고 호수 주변을 둘러보았다.

"이건 호수가 움직이고 있다는 걸 말해 주는군!"

헤딘은 호수가 움직이고 있다는 사실을 재확인하고 원인을 밝히려고 했다.

헤딘의 일행은 호수 옆에 텐트를 치고 호수의 둘레를 조사했다. 주위의 마을 사람들에게 물어 보고, 사막의 지형을 조사해 보기도 했다.

이 호수는 롭놀 호수라고 부르며 굉장히 넓다. 이 호수에 타림 강물이 흘러들어오고 있다.

헤딘은 조사 결과를 정리했다. 이 호수는 사막의 지형이 평탄하여 강풍이 몰아쳐 오면 사막의 모래가 호수의 해류를 막아 버리게 된다. 그러면 다른 곳으로 강물이 넘쳐 흘러 수로가 바뀌게 된다. 그렇게 되면 또다시 날려온 모래로 수로가 막혀 호수의 물이 다른 곳으로 흘러 모이고 또 막히면 또 물은 다른 곳으로 흘러 모이고 하는 동안에 호수의 위치는 점점 다른 곳으로 이동하게 된다는 사실도 알게 되었다.

약 1500년마다 남북쪽으로 흐르던 물길이 동서쪽으로 바뀌며 그 동안 수십, 수백 차례씩 호수의 위치가 조금씩 바뀌고 있는 것이다. 호수의 위치가 바뀔 때마다 호수 주변의 마을도 바뀐다. 호수의 이동에 따라 마을도 따라 이동하는 현상이 일어나고 있는 것이다.

"사람이 살지 않는 마을은 저절로 폐허가 된다. 사막의 어디쯤 마을이 묻혀 있을 것이다."

헤딘은 모래에 파묻혀 없어진 옛 도시 로란의 유적을 찾는 데 마침내 성공하였다.

1600년이라는 긴 세월 동안 모래에 묻힌 채, 그 존재를 모르고 있던 로란의 큰 도시는 헤딘에 의해 햇빛을 본 것이다.

🔸 **사막의 모래 언덕**—사막의 모래는 바람이 불어 오면 모양이 다양하게 변한다.

사막의 모래는 엄청나게 많아 지형을 변화시킨다. 마치 물의 퇴적 작용과 같이 강풍으로 모래를 쌓아 산을 이루고, 물의 침식 작용처럼 강풍은 모래를 깎아 없앤다. 호수의 위치도 이렇게 변해 조금씩 조금씩 이동하고 있는 것이다.

● 마의 삼각 해역

이러한 해괴한 '실종 미스터리'는 지상에만 일어나는 것이 아니다.

19세기 말에 무인의 표류선으로 발견된 마리 셀레스트 호 사건이라든가, 제2차 대전이 끝나고 얼마 되지 않아서 남태평양에서 같은 무인선으로 발견된 조이터 호 사건, 미국 연안에서 화재가 발생했던 KBAC 호 사건 등은 모두 다 있어야 할 선원의 모습이 고스란히 없어져 버리고, 더욱이 그 이유마저 모르는 바다의 '실종 미스터리'로 유명한 사건이다.

그러나 그보다 더욱 해괴한 것은, 하늘의 '실종 미스터리'이다.

1963년 여름의 일이었다. 미국 정부는 카리브 해 상공에서 2대의 미국 공군기 KC-135 제트 급유기가 행방 불명이 되었다고 발표했다.

KC-135라고 하는 것은 보잉 707제트 여객기를 개조한 4발의 대형 제트기이며, 미국 전략 공군의 수폭을 적재한 B-52 폭격기에 공중 급유를 하기 위해 만들어진 최신예의 급유기인 것이다.

이 날도 플로리다의 기지를 떠난 2대의 KC-135는 예정대로 대서양 위를 비행 중인 B-52에 급유를 마치고 플로리다 기지로 되돌아가고 있었다. 그런데 그 후로 연락이 끊어져 행방 불명이 되어 버렸다. 물론 이것만이라면 이 사건은 단지 하늘의 조난과 같이 보이겠으나, 조사해 본 결과는 이상한 일뿐이었다.

첫째, 이 날은 날씨가 매우 좋았으며, 바람도 없는 훌륭한 비행 날씨였고, 태풍이 없었음은 물론 회오리바람과 같은 이상 기상도 전혀 일어나지 않았다.

둘째로, 2대 함께 아무런 무전 연락도 하지 않았다. 어떤 사고가 있었다면 반드시 기지에 연락해 올 것이다. 무전기의 고장이라는 것도 생각할 문제지만 KC-135는 5, 6대의 무전기를 싣고 있었다. 동시에 2대의 무전기 모두가 고장이 났다는 것은 도저히 생각할 수 없는 일이다. 무전을 보냈다면 어느 곳의 관제 본부에서라도 SOS를 들을 수도 있는 것이다.

셋째로, KC-135는 대단히 훌륭한 비행기이며, 조그마한 태풍 정도에 고장을 일으킬 만한 비행기가 아니다.

넷째로, 2대가 행방 불명된 후 미국 해·공군은 그 근처의 해면을 샅샅이 수색했다. 그러나 비행기의 파편은 물론이고 승무원의 시체나 소지품은 하나도 발견되지 않았다. 따라서, 이 뉴스를 들었을 때 모두들 이상한 표정을 지었다.

"무엇인가 일어났을 것이다."

하면서 사람들은 서로의 얼굴 표정을 살펴보았다.

2대의 KC-135가 행방 불명이 된 그 근처 플로리다 반도와, 카리브 해의 자메이카와 북대서양의 버뮤다 섬 근처를 잇는 대서양상의 삼각형의 해역은 종전부터 '마의 삼각 해역'이라고 해서 무서워하고 있었다.

이 곳은 하늘의 실종 미스터리가 곧잘 일어나는 곳이었다.

사실 이 해역에서는 제2차 대전이 끝난 1945년부터 20년 동안에, 이처럼 원인을 전혀 모르는 수수께끼의 조난 사건이 무려 19회나 일어났다.

그 중에서도 유명한 것은 1947년 1월에 일어난 〈커티스 C-46 조난 사건〉이다.

이 커티스 C-46 수송기는 버뮤다 섬의 미국 항공 기지 소속의 수송기이며, 매킨 대령 이하 32명의 미국 육군 장교와 하사관들이 타고 있었다. 이들은 영국으로부터 카리브 해에 떠 있는 영국령 자메이카에 전속이 되어 가는 도중이었다.

수송기의 기장은 알 호건 대위, 제2차 대전 중에는 폭격기의 조종사로서 활약한 베테랑이었다.

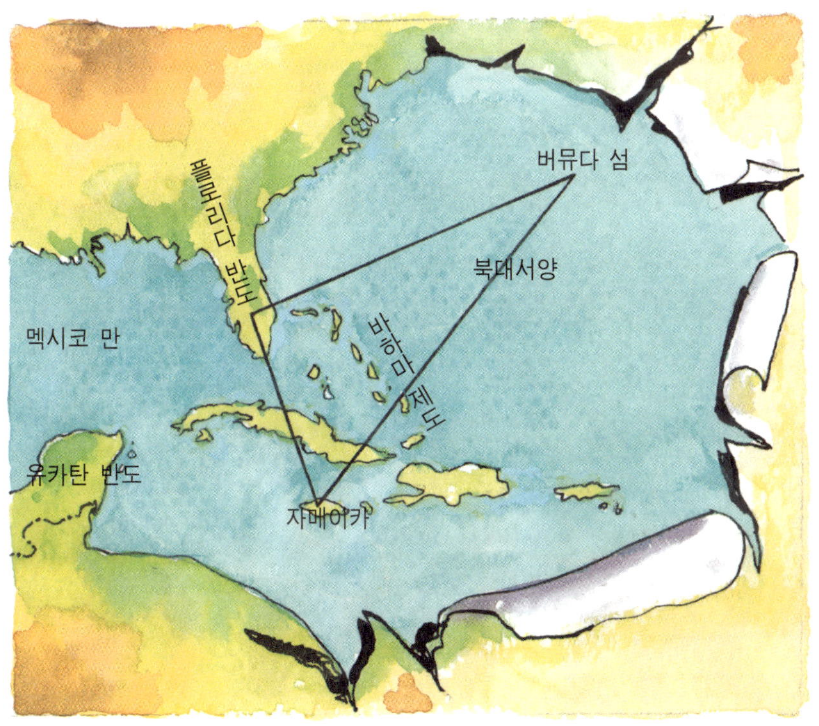

🔴 마의 삼각 해역

코스는 처음에 남서로 날아, 바하마 제도 상공을 남하하여 쿠바 상공을 통과하고 자메이카로 가도록 되어 있었다. 소요 시간은 5시간, 거리는 2,800킬로미터의 무착륙 비행이다.

카리브 해는 매년 미국의 남동부에서 멕시코 만 일대를 덮치는 유명한 태풍 허리케인이 있는 명소이다.

그러나 기온이 안정되어 있는 겨울에는 허리케인이 발생하는 일은 거의 없으며, 특히 이 날은 그러한 걱정을 할 필요가 없는 날씨였다. 그래도 호건은 만일의 경우를 대비하여 비행기에 충분히 연료를 적재하였다.

호건의 비행기는 아침 7시 반경에 기지를 떠났다. 8시 반쯤에는 버뮤다 섬의 통신 본부에 무전이 날아왔다

"시계 양호, 아무런 이상 없으며, 비행기는 예정대로 목적지를 향해서 비행 중"

호건의 비행기는 그 후도 4, 50분마다 무전 연락을 하면서 마침내 바하마 제도 상공을 통과, 플로리다 반도를 오른쪽으로 보면서 남하를 계속했다. 날씨는 여전히 좋았고, 어느 측후소로부터도 천후 이변의 징조에 대해서는 아무런 연락이 없었다.

그리고 오후 12시 반 호건의 비행기는 쿠바 상공에 도달했다. 앞으로 10여 분 정도이면 목적지에 도착하게 되는 것이다.

이 때 자메이카 기지의 무전기가 돌연 덜컥덜컥 소리를 내기 시작했다. 무전계원은 이를 듣고 눈살을 찌푸렸다.

"여기는 호건, 시계 제로, 항로를 잃다. 본기의 현재 위치를 알려 다오."

무전계원은 이내 회답 무전을 쳤다.

"전문의 뜻 불명 다시 쳐라."

지금까지 아무런 이상 없이 날고 있었던 호건의 비행기로

부터 온 너무나 이상한 전문이었다.

　그러나 무엇인가 호건의 비행기에는 이쪽의 전문이 도달되지 않는 모양이었다. 계속해서

　"시계 불량, 항로 불명, 현재 위치 알려라."

라는 무전이 되풀이해서 들어올 따름이었다.

　무전계원은 판단에 고심하고서 상관에게 보고하였다. 상관은 이내 자메이카 주변의 측후소에 연락을 취하여 기상 상태를 조사해 보았다. 그러나 어느 곳에서도 그러한 이변이 일어난 징조를 찾아볼 수 없었다.

　모두들 서로 얼굴만 쳐다보고 있는데

　"메이디, 메이디 조종 불능, 메이디."

　'메이디'라는 것은 항공기에서 사용하는 SOS의 신호이다.

　호건의 비행기는 그것을 2, 3회 되풀이하고서는 아무런 연락 없이 사라져 버렸다.

　"큰일났다! 빨리 구출하라!"

　기지에서는 큰 소동이 벌어졌다.

　이렇게 해서 이내 호건의 비행기 수색이 시작되었다. 플로리다의 미국 공군, 쿠바의 관타나모 기지의 미국 해·공군은 물론 자메이카의 영국 해군도 수색에 협력하여 수십 척의 함선과 수십 대의 비행기가 바다와 하늘에서 호건의 비행기를 찾기 시작했다. 그러나 호건의 비행기는 행방을 알 수 없었다.

　"도대체 이게 무슨 일인가?"

　최고의 비행 날씨에 최고의 파일럿, 완전한 정비 상태의 비행기와 통신·연락망, 이만큼의 좋은 조건이 갖추어져 있는데도 1대의 비행기가 마치 연기처럼 모습이 사라져 버렸다는 것은 매우 이상한 일이었다.

그런데 기괴한 일은 아직 이것으로 끝난 것이 아니었다.

어느 날 호건의 비행기를 발견했다는 뉴스가 뜻밖의 곳에서 날아왔다. 자메이카의 동부에 솟아 있는 블루 산맥 상공을 날고 있던 헬리콥터가 표고 4,000미터에 가까운 타코마 빙하의 정상 가까이에서 C-46일지도 모를 비행기의 잔해를 발견했다는 보고를 해 왔던 것이다.

재빨리 구조대를 편성하여 정상을 향하여 출발했다. 마침내 현장에 도착한 구조대원들은 잔해를 보고 모두 다 깜짝 놀랐다.

"아니, 어떻게 이럴 수가?"

C-46은 빙하에 정면으로 부딪쳤던 것으로 보이며, 날개는 산산조각이 나고, 동체는 두 동강, 엔진이나 바퀴는 떨어져 나가 버린 것 등, 거의 본래의 모습을 찾아볼 수 없을 만큼 망가진 상태였다. 물론 생존자도 있을 리 없었다.

"유체를 수습하자."

대장의 명령으로 대원들은 얼음을 밟고서 잔해가 있는 곳으로 다가갔다. 그리고 매우 심한 상태로 되어 있을 거라고 생각하면서 동체 내부를 들여다본 순간 대원들이 고함을 쳤다.

"이상해."

다른 대원들도 속을 들여다보고서 모두 다 놀랐다. 무참한 모습의 시체가 있어야 할 기체 속에 한 사람의 시체도 있지 않았던 것이다. 매우 이상한 일이다.

충돌의 쇼크로 시체가 밖으로 튀어 나간다는 것은 있을 수 없는 일이다. 그리고 잔해를 중심으로 한 추락 현장 가까이에도 유체라고는 전혀 없었다.

"낙하산으로 내렸을지도 모른다."

라고도 생각해 보았다. 그러나 조사 결과, 승무원 이외는 누구도

낙하산을 달고 있지 않았다는 사실이 밝혀졌다. 즉 호건 기장 이하 4명의 승무원과 32명의 승객, 합해서 36명은 완전히 사라져 버린 것이다.

마지막으로 남게 된 해석은 빙하 기슭에 사는 인디언들이 유체를 매장해 버렸지 않았는가 하는 것이었다. 그러나 인디언들은 머리를 저을 따름이었다.

이렇게 해서 구조대는 끝끝내 하나의 유체나 유품도 발견하지 못한 채 쓸쓸히 철수하고 말았다.

● 보라! 우리들이 있는 곳은 ……

이상한 일이다. 도대체 무엇 때문에 호건의 비행기 승무원들이 없어져 버렸을까?

왜 비행기만이 빙하의 정상에 충돌된 채 있을까? 지금까지는 모두가 수수께끼이다. 더욱 괴기한 수수께끼도 있다.

1945년 12월에 일어난 티이 비 엠(TBM) 뇌격기대의 행방불명 사건이 그 가장 좋은 예가 된다.

이 날도 하늘은 흐렸으나 기상 조건은 결코 나쁘지 않았다. 플로리다의 포트 로더텔의 해군 항공대 기지를 5대의 TBM 뇌격기가 훈련하기 위해 이륙했다.

기지 상공에서 깨끗이 편대를 짜서 카리브 해 상공으로 날아갔다. 처음의 1시간 반은 아무 일도 일어나지 않았다. 5대는 예정대로 훈련 비행을 계속 실시하고, 편대장 비행기는 이상이 없다는 것을 기지로 연락해 왔다.

그런데 1시간 40분을 지났을 때였다. 돌연 편대장의 비행기로부터,

"육지가 보이지 않는다. 편대의 위치 불명. 수색을 부탁한다!"
라고 하는 다급한 무전이 날아왔다.

기지에서는 놀랐다.

"현재의 위치는 어디인가? 알려라!"

"현재의 위치를 잘 모른다. 어디를 비행하고 있는지 분명하지 않다. 항로를 알 수 없다."

"진로를 서쪽으로 틀어라."

기지의 관제탑에서는 계속 지시를 내렸다.

"어디가 서쪽인지 알 수 없다. 모든 것이 이상하다. 나침반이

움직이지 않는다. 정상이 아니다. 전혀 방향을 분간할 수가 없다. 바다도 평소와는 다른 것 같다.”

기지의 관제탑에서는 참으로 이해가 되지 않는 일이었다. 자기(자석의 힘)의 영향으로 나침반이 고장났다고 여겼다. 그러나 서쪽 하늘로 기울고 있는 태양은 보이지 않겠는가?

“서쪽으로 기울고 있는 태양을 보고 방향을 잡아라.”

“이상하다. 태양도 보이지 않는다.”

기지의 관제탑에서는 더욱 놀랄 수밖에 없었다.

훈련 중의 비행기 중에서 1대나 2대가 방향을 잃는다는 것은 곧잘 있는 일이다. 그러나 날씨가 특별히 나쁘지 않은데도 편대 그 자체가 방향을 잃고서 조난 신호를 보내 온다는 것은 아직 들은 바가 없었다.

그러나 이내 수색에 나선 수색대도 편대를 발견할 수 없었다.

그 동안에 다시 기괴한 라디오 통신이 플로리다 반도 남단의 통신기에서 포착되었다. 그것은 편대장 비행기에서 요기(같은 임무를 띠고 있는 한 패거리의 비행기)를 향해서 말을 걸고 있는 것처럼,

"보라, 보라, 여기는… 이와 우리들이 있는 곳은…"
라고 말을 걸고서, 그로부터 갑자기 끊어져 버린 통신이었다.

이 라디오를 길잡이로 하여 수색 중이었던 마틴 초계(적의 공격을 대비하여 경계하여 망을 보는 것) 비행정이 재빨리 그들이 있는 방향을 향하여 날아갔다. 그러나 그로부터 불과 5분 후에 기지에 보통의 연락 무전을 쳐 온 채로 이 마틴 비행정까지 모습이 영원히 사라져 버렸다.

사건을 중대시한 미국의 국방성은 바로 옆에 있었던 항공모함 솔로몬을 비롯하여 21대의 해군 함대를 수색에 참가시켰다.

육지와 바다로부터 수색에 참가한 비행기·비행정은 합계 200대가 되었다. 그러나 TBM 뇌격기 5대와 마틴 비행정은 끝끝내 발견되지 않았다.

이 밖에도 1948년 1월에는 영국의 4발 여객기 스타 타이거 호가 버뮤다 섬에서 자메이카의 킹스턴으로 향하던 도중 행방 불명되었다. 32명의 승객과 승무원은 한 사람도 발견되지 않았다.

1949년 1월에는 16인승의 미국 비행정 에어리얼 호도 마찬가지로 버뮤다로부터 자메이카로 향해 가는 도중에 사라져 버렸다.

1950년에는 글러브마스터기, 1952년에는 브리티시 요크 수송기도 사라졌다.

1954년 11월에는 42명의 병사를 태우고 메릴랜드의 해군 항공대 기지를 출발하여 아조레스 제도로 향한 4발의 증폭격기 컨솔리데이트 B-24가 사라지기도 했다.

1956년에는 마틴형 수송기, 1962년에는 미국 공군의 에어 탱커기도 버뮤다 해역에서 사라졌다.

1963년 8월 23일, 공중에서 기름을 보급하는 대형 급여기가 대서양 한복판에서 연습 중인 증폭기 편대기에 기름을 보급하기 위해서 마이애미 기지를 출발하였다. 그런데 미국 본토와 버뮤다 섬 중간 지점에서 무전 연락이 끊긴 채 11명의 승무원과 함께 사라졌다.

"하늘에 구멍이 뚫렸다."

"그것은 4차원의 구멍이다. 그래서 비행기나 배들이 4차원 공간으로 빨려들어갔다."

사람들은 이렇게 말하기도 했다.

"그것은 단지 우연에 지나지 않는다."

이렇게 주장하는 학자들도 있었다. 그러나 그것은 어디까지나 개인의 생각일 뿐 그 증거를 찾지 못했다. 참으로 미묘한 사건이기 때문에 아직까지 아무런 결론도 내리지 못했다.

이 버뮤다 해역의 공중에 4차원의 구멍 즉, 공간의 터널이 실제로 있을까?

이 의문의 사건들은 오늘날의 과학으로도 풀지 못한 채 계속 전설처럼 내려오고 있다.

2

초능력의 수수께끼

미래를 알아 내는 초능력

● 경이의 사람 페이터 풀코스

어떻게 해서 불이 일어났는지 그 원인을 모른 채 불길에 휩싸여 죽음에 이르는 일을 초자연적인 일이라고 할 수 있을까?

1886년 미국 일리노이주 오타와 부근에서 일어난 화재 사건은 수수께끼였다.

크리스마스날 아침 일찍 일어난 일꾼 존 리슨은 아래층으로 내려왔다. 주방의 쇠난로에 성냥을 그어 불을 켜려 했다.

"어? 난로가 검댕으로 덮여 있네?"

일꾼 존 리슨은 깜짝 놀랐다. 그는 얼른 성냥을 그어 램프에 불을 켰다.

"주인님!"

존 리슨은 주인을 불렀다. 그러나 주인 페트릭 루니는 의자에 앉은 채로 죽어 있었다. 존 리슨은 공포로 떨었다. 루니 부인은 보이지 않았다.

"이거 큰일났군."

존 리슨은 말을 타고 존 루나의 농장으로 달려가 젊은 루나를 데리고 왔다.

"부인의 시체의 일부가 여기 있군."

젊은 루나가 마룻바닥을 가리켰다. 마룻바닥에 가로 90센티미터, 세로 120센티미터의 구멍 속에 루니 부인의 잔해가 남아 있었다.

마루 밑 땅바닥에 남아 있는 두 발과 불에 탄 해골, 까맣게

탄 척추뼈 2개, 한 줌의 재뿐이었다. 몸무게 90킬로그램의 부인에게서 남은 것은 이것뿐이었다.

마루의 다른 부분은 불에 탄 흔적이 없었다. 가구도 말짱했다. 사람이 불에 타 죽을 정도의 화재였으면 방안의 가재 도구도 잿더미가 되었어야 옳았다. 그런데 마루 구멍 주변에 늘어져 있던 탁자보 한 귀퉁이만 불에 약간 그을려 있을 뿐이었다.

신고를 받고 경찰이 출동했으나 화재에 대한 원인을 찾아내지 못했다. 또 방화범도 찾아 낼 수 없었다. 그런 증거는 어디에도 없었다.

"이 사건은 어떤 종류의 외적인 화재 요인이 없는 가운데서도 극도로 강한 열에 의해 신체가 타 버리는 인체의 자연 연소 현상이다."

플로이드 클레멘 박사는 사건의 갈피를 잡지 못하는 배심원들에게 이렇게 말했다. 배심원들은 루니 부인의 죽음에 대해 확실한 결론을 내리지 못했다. 다만 남편 페트릭 루니의 죽음은 아내의 시체가 불탈 때 생긴 매연으로 질식하여 생명을 잃었다는 사실을 밝혀 냈을 뿐이다.

이것은 설명이 불가능한 인체의 연소 사건이다. 현대 과학으로는 설명이 불가능한 일이다. '수수께끼' 또는 '해결되지 않는 사건'으로만 돌릴 수밖에 없다.

1961년의 가을의 일이다. 미국의 어느 지방 텔레비전 방송국에서 진기한 실황 방송을 실시했다. 즉 초능력의 실험을 방송한 것이다.

출연한 사람은 미국의 유명한 라디오 해설자인 프랭크 에드워드와, 초능력자로서 세계적으로 유명한 네덜란드의 페이터 풀코스였다.

에드워드가 풀코스에게 어떤 실험을 하여, 그것을 풀코스가 정확히 알아맞추는가 아닌가를 텔레비전을 통해서 방송하는 것이다.

먼저 에드워드가 마이크 앞에 선 풀코스에게 극히 평범한 한 권의 검은 수첩을 건네 주었다.

스튜디오 안에 꽉 차 있는 손님도, 초대 손님으로 온 심리학자나 물리학자에게도 그 수첩에 대해서는 아무것도 알려 주지 않았다.

"풀코스 씨 당신은 그 수첩이 무엇인지 알 수 있습니까?"

에드워드가 물어 보았다.

풀코스는 수첩을 손에 쥐고 잠깐 동안 이리저리 만져 보더니, 갑자기 그 얼굴에 놀란 표정을 지으면서 날카로운 비명을 질렀다.

"이 수첩의 주인인 그녀는 죽어 가고 있다!"

스튜디오 안의 모든 사람들은 오싹하여 풀코스를 쳐다보았다. 풀코스는 새파랗게 질려 마치 열병이라도 앓듯이 온몸을 덜덜 떨었다. 그러더니 또 숨막힌 소리로 말문을 열었다.

"그녀는 목이 졸리고 있다. 남자가 뒤쪽에서 조이고 있다. 아아, 숨도 쉴 수 없다…… 달아나고 싶어도 이미 힘이 없다……."

"풀코스 씨 그 곳이 어딥니까? 장소를 알고 있습니까?"

에드워드가 추궁하듯이 물어 보았다.

"알고 있다……. 어두운 들판이다. 옆에 강이 있다. 다리가 걸쳐 있고 그 저쪽에 한 채의 집이 서 있다…… 여자가 넘어져 있는 곳은 잡초가 무성한 물이 없는 도랑 속이다……"

"그 여자가 어디 사람인지 알 수 있습니까?"

"모르겠으나……. 여기 사람은 아니다."

"그러면 범인은?"

"역시 여기 사람은 아니다. 어디 멀리서 차를 타고 온 모양이다."

에드워드는 더욱 소리를 낮추면서 물어 보았다.

"그러면 그 범인의 이름을 알고 있습니까?"

풀코스의 얼굴은 식은땀으로 흠뻑 젖어 있었다. 스튜디오 안에 있는 사람들은 침을 삼키면서 풀코스의 대답에 조용히 귀를 기울이고 있었다.

마침내 풀코스가 쉰 목소리로 소리를 낮추어 말했다.

"안 된다. 여기서는 말할 수 없다. 경찰을 불러 주오. 경찰이라면 말하겠다……."

이리하여 그 수첩은 에드워드에게 건네어졌다. 에드워드는 마이크에 대고 설명했다.

"여러분, 이 수첩은 거의 1개월 전, 이 거리의 교외에서 일어난 살인 사건의 피해자인 여성의 것입니다. 피해자는 지금 페이터 풀코스 씨가 말한 것과 똑같은 상태로 시체로 되어 발견되었습니다. 이 사건은 당시 경찰이 열심히 노력했음에도 불구하고 아직 미해결 상태로 있는 것입니다. 그리하여 경찰은 오늘 이 사건을 공개 수사로 돌리기 위해 발표를 허가해 주었습니다. 풀코스 씨는 이 사건을 일체 모르고서 그 진상을 훌륭히 밝혀 낸 것입니다!"

스튜디오 안의 게스트나 객석으로부터 함성이 울려 퍼졌다.

만일 이것이 사실이라고 하면 그는 피해자의 수첩을 접촉한 것만으로 주인의 1개월 전의 죽음을 투시한 일이 된다.

　물론 에드워드가 미리 이 사실을 풀코스에게 가르쳐 주었다고 하면 터무니없는 연극에 지나지 않는다.

　그러나 프랭크 에드워드는 텔레비전의 해설자였을 뿐만 아니라 이러한 별다른 연구가로서도 세계적으로 유명한 사람이며, 그러한 엉터리 방송을 만들 사람이 아닌 것이다.

　페이터 풀코스도 제2차 대전 후에 행방 불명이 된 사람들의 소지품을 실마리로 해서 행방을 알아맞추는 유명한 사람이다.

　특히 1952년에는 영국의 런던 경시청에서 풀지 못하고 있었던 수수께끼의 사건을, 그 유류품을 더듬어서 해결하여 세상 사람들을 깜짝 놀라게 한 일도 있었으므로 부질 없는 일을 일삼는 사람은 아닌 것이다.

풀코스는 여태까지 보지도 듣지도 못했던 과거의 사실을 샅샅이 들추어 내는 초능력이 있었던 것이다.

풀코스는 이 방송 뒤에 경찰에 가서 범인과 피해자의 복장, 현장의 상황과 범행의 줄거리 등을 말했는데, 그것이 너무나 사실과 일치하여 경찰에서도 깜짝 놀랐다.

그는 다시 용의자의 리스트 속에서 한 사람의 남자를 고르고, "바로 이자가 범인이다."라고 주장했다. 그러나 범행의 확실한 증거가 없었기 때문에 그 남자는 체포되지는 않았다.

이 때 풀코스는 범인과 언제라도 대결하겠다고 자신 뜻을 피력하였다.

● 예지 능력과 예언

이러한 초능력의 실례는 실로 헤아릴 수 없을 정도로 많다. 풀코스의 경우는 과거를 투시하는 초능력이었지만, 반대로 미래를 투시하는 초능력의 실례도 여러 가지 있다.

이것을 예지 능력이라든가 또는 예언이라고 하는데 옛날부터 갖가지 이야기가 전해 온다.

예언은 시간과 공간을 뛰어넘어 왕들의 죽음, 새로운 시대, 최후의 심판, 죽은 사람의 부활, 대사건 등을 우리의 의식 속에 전달해 주는 것을 뜻한다고 볼 수 있다.

1467년에 영국의 채서 지방의 농가에서 태어난 로버트 닉슨이라는 청년이 있었다. 어떤 때는 알아들을 수 없는 이상한 소리를 하곤 했다. 사람들은 그를 정신 박약아라고 생각했다.

어느 날, 밭을 갈던 로버트 닉슨이 일손을 멈추고 이상한 눈초리로 주위를 살폈다. 그리고 미친 사람처럼 큰 소리로 외쳤다.

"이봐, 딕! 이봐, 해리! 오, 안 됐구나. 딕! 오, 잘했다. 해리! 해리가 이겼다."

사람들은 로버트 닉슨의 외침이 무슨 뜻인지 알 수 없었다. 모두들 어리둥절한 얼굴로 바라볼 뿐이었다.

로버트 닉슨이 미친 사람처럼 외쳐댈 때 그 순간 영국 국왕 리처드 3세가 보스위스 들판에서 전사했다. 이 전투에서 이긴 헨리 튜더가 영국의 헨리 7세로 왕위에 올랐다.

"그 시골 청년을 만나 보고 싶으니 빨리 데려오도록 하라."

새 국왕 헨리 7세는 예언자 시골 청년에게 호기심이 생겨 보고 싶어했다.

🔺 초능력을 연구하는 초심리학자들은 넓은 우주가 수많은 에너지로 채워져 있고, 이 에너지들이 물체로 변형될 수 있다고 생각한다.

"헨리왕이 나를 잡으러 사람을 보냈다. 나는 굶어 죽을 것이다."

헨리 7세의 신하가 왕궁을 출발하기도 전에 로버트 닉슨은 이를 알고 고민에 빠져 마을을 돌아다니며 마구 소리쳤다.

"얼마나 잘 알아맞히는지 시험해 봐야지."

헨리 7세는 젊은 예언자를 실험할 방법을 생각해 놓고 있었다.

로버트 닉슨이 헨리 7세 앞에 와서 무릎을 꿇었다.

"짐이 가지고 있던 값진 다이아몬드를 잃었으니 찾아 줄 수 있겠는가?"

헨리 7세는 난처한 표정을 지으며 물었다.

"다이아몬드를 숨긴 사람을 찾을 수 있습니다."

"다이아몬드를 숨긴 사람은 바로 대왕마마입니다."

로버트 닉슨은 침착하게 대답했다. 헨리 7세는 크게 감동하였다.

"저 청년이 하는 말은 무엇이든지 기록해 두라."

헨리 7세는 이렇게 지시하였다. 로버트 닉슨은 여러 가지를 예언했다. 영국의 내전, 국왕들의 사망과 퇴위, 프랑스와의 전쟁 등이었다.

"나는 왕궁 안에서 굶어 죽을 것이오."

로버트 닉슨의 예언에 헨리 7세는 빙그레 웃었다.

"너무 걱정 말라. 음식은 먹고 싶은 대로 언제든지 주도록 하겠다."

왕은 이렇게 말하고 실천에 옮기도록 지시하였다. 그런데 로버트 닉슨은 왕실 주방에서 일하는 요리사들의 미움을 사고 말았다. 로버트 닉슨의 특권을 질투한 것이다.

헨리 7세가 런던을 떠나 지방 시찰을 가게 되었다. 신하들은 로버트 닉슨을 안전하게 보호한다고 국왕의 별실에 가두어 넣고 자물쇠로 잠가 놓았다. 그런데 그 신하도 급한 일로 그곳을 떠나게 되었는데 열쇠를 가지고 가 버렸다. 그리고 문을 열어 주라는 지시도 하지 않고 떠나 버렸다. 그 신하가 나중에 돌아와 보니 로버트 닉슨은 그만 굶어서 왕의 별실에서 숨져 있었다.

자기 죽음까지 예언한 이 청년은 어떤 사람이었을까?

1912년 4월 영국의 호화 여객선 타이타닉 호가 대서양에서 침몰했다. 이 타이타닉 호의 침몰은 1898년에 출판된 로건 로버트슨의 소설 내용과 너무나 흡사했다.

소설 제목은 '타이타닉 호의 난파'였다. 이 소설은 대서양 횡단 호화 여객선의 처녀 항해를 내용으로 하고 있다. 절대 침몰되지 않는다는 소설 속의 타이타닉 호는 마침내 빙산과 충돌하여 엄청난 사람의 목숨을 앗아갔다.

1912년 침몰되지 않는다고 크게 선전된 대서양 횡단 호화 여객선 타이타닉 호가 처녀 항해에 올랐다. 이 때도 빙산과 충돌하는 바람에 침몰하여 엄청나게 많은 사람이 목숨을 잃었다.

배가 침몰한 날짜도 소설과 실제가 같은 4월이었다. 승객과 승무원도 소설에는 3천 명, 실제로는 2천2백여 명, 구명정은 소설에는 24척, 실제로는 20척, 배의 톤수는 소설에는 7만5천 톤, 실제로는 6만6천 톤, 배의 길이는 소설에는 8백 피트, 실제로는 8백82피트, 프로펠러는 소설에는 3개, 실제로도 3개, 배의 최대 속도는 소설에는 25노트, 실제로는 23노트였다.

'타이타닉 호의 난파'는 예언 소설이 되고 만 셈이다.

16세기의 프랑스 연금술사 노스트라다무스는 그러한 예언자

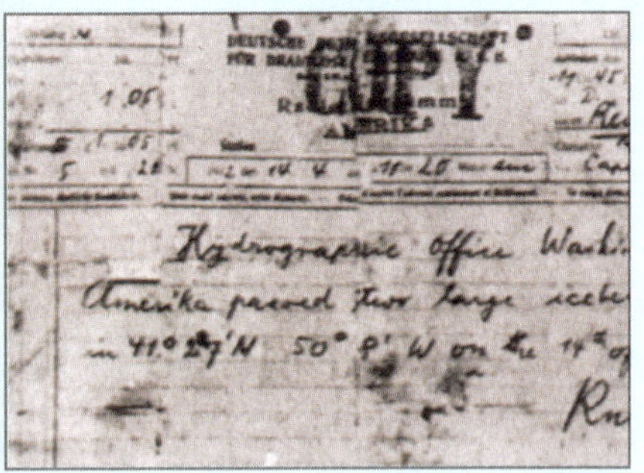

🔴 (위 왼쪽)타이타닉 호의 무선실. (위 오른쪽)독일 기선 아머리카 호가 타이타닉에
타전한 빙산 경고 통신문 사본. (아래)처녀 항해에 나선 타이타닉 호의 위용

중에서도 가장 유명한 사나이다. 그는 7000년에 걸친 스케일의 크기를 예언했는데, 그 후의 역사를 살펴보았더니 기묘하게도 맞추어진 일이 많았다고 한다.

유명한 사건으로는 1782년의 시카고의 대지진이 생겼을 때, 그것을 2일 전에 예지한 남자가 시민들을 미리 피해 나가도록 설득하러 돌아다녀 당시 시민들로부터 미치광이 취급을 당했다는 기록이 남아 있다.

또 1883년에 일어난 크라카타우 섬의 대분화가 있었을 때 이상한 일이 일어났다.

미국의 보스턴에 있는 어떤 신문사의 삼손이라고 하는 기자가, 어느 날 편집부에서 낮잠을 자고 있을 때 이상한 꿈을 꾸었다.

해상에 떠 있는 섬이 돌연 큰 불에 싸여 대폭발을 일으키는 꿈이었다. 섬은 날아가 버렸고 바다는 끓어서 섬 사람들은 그 속에서 비참한 최후를 맞이하는……

눈을 떴을 때 삼손 기자는,

"아아, 꿈이었기에 다행한 일이다."

하면서 큰 숨을 내쉬었다.

그 때 그의 머릿속에는 그 섬의 이름이 떠올랐다. 그것은 자바 가까이에 있는 프라레이프라고 하는 화산섬이었다.

삼손 기자는 무엇인가 그대로 있을 수 없어서 타이프 앞에 앉아서 방금 꾼 꿈을 자세히 기록해 놓았다.

그러나 기록해 놓고 보니 너무나 허황된 것으로 느껴져 그대로 책상 위에 두고서 집으로 돌아왔다.

그런데 다음 날 회사에 출근한 편집장은 삼손 기자가 전날 밤에 써 놓은 것을 진짜 기사라고 생각했다.

"이건 특종 기사다. 다른 신문사에서는 아직 입수하지 못한 것이다. 톱기사로 해서 짜 넣도록 하라."

편집장은 크게 기뻐하며 명령을 내렸다. 이리하여 이 뉴스는 재빨리 통신사를 통하여 전국에 퍼졌다.

전국의 신문사에서는 더욱 자세한 사정을 알려 달라고 졸라 댔다. 까닭은 아무도 프라레이프 섬이란 것을 모르기 때문이었다. 그도 그럴 것이 그 섬 이름은 단지 삼손 기자의 머리 속에서 나온 섬 이름이었기 때문이다.

한편 신문을 손에 든 삼손은 매우 놀랐다.

"편집장! 그것은 기사가 아닙니다. 내가 장난으로 한번 써 본 것입니다."

"무엇이라고? 이 바보 같은 사람아, 너는 당장 파면이다!"

편집장은 화가 머리 끝까지 치밀어 올랐다. 그리고 크게 당황하여 통신사에 연락을 취하여, 그 기사는 잘못된 것이라고 침이 마르도록 빌었다.

그런데 그토록 편집장이 머리를 숙이고 사과를 하는 동안 놀랄 만한 뉴스가 전해져 왔다.

그것은 앞에서 말한 크라카타우 섬에 큰 화산이 폭발했다는 뉴스였다. 이 폭발로 섬은 사라져 버렸고 부근의 섬 사람들이 3만 명이나 죽었다. 이것은 세계에서 예가 드문 크고도 무서운 화산 폭발이었다.

이 사건은 삼손 기자가 하루 전에 꿈에 본 것과 똑같았던 것이다. 더욱이 뒤에 가서 살펴본 결과 크라카타우 섬은 그 옛날 프라레이프 섬이라고 불려졌다는 사실도 밝혀졌다.

삼손 기자가 몇 천 킬로미터 떨어진 화산 폭발을 24시간 전에 어떻게 해서 알게 되었는지는 수수께끼이다. 그러나 예지가 일어났다는 것만은 부정할 수 없는 사실이었다.

또 이러한 일도 있었다.

1963년 존 F. 케네디 대통령이 암살될 때, 미국의 여류 예언자로 유명한 젠 딕슨 부인이 이 사건을 꽤 오래 전부터 예언하고 있었다는 소문이 널리 퍼져 있었다.

신문 기자가 딕슨 부인에게 인터뷰하여 그 소문이 사실인가 확인하자 부인은 그것을 인정함과 동시에

"케네디가의 비극은 아직 끝나지 않았다. 젊은 상원 의원은 앞으로 주의를 하지 않으면 안 될 터인데……"

라고 해서 또 한번 불길한 예언을 했다.

그로부터 7개월 뒤 막내동생인 에드워드 케네디 상원 의원이 자가용 비행기 추락 사고로 심한 중상을 입은 사건이 일어났다.

　사람들은 이것이야말로 딕슨 부인이 예언한 비극일 것이라고 수군대었다. 그러나 부인은 고개를 흔들면서 "아직 비극은 끝나지 않았다."라고 장담했다.

　이리하여 마침내 1968년 5월, 그 당시 존슨 대통령의 뒤를 이을 만한 대통령 후보자로 손꼽히고 있었던 에드워드의 형 로버트 케네디 상원 의원이 암살당하는 슬픈 사건이 일어나고 만 것이다.

　물론 이것을 단순한 우연의 일치라고 지나쳐 버릴 수도 있을 것이다. 그러나 그 중에는 그러고서는 만족되지 않는 느낌을 가지는 사람도 있을 것이다. 그것은 이 딕슨 부인의 예언이 언제나 꼭 맞아 들어가기 때문이다.

　이를테면 그녀는 루즈벨트 대통령의 사망 시기를 맞추기도

🔺 클로워제트는 20세기 최악의 사고로 기록되는 체르노빌 원자력 발전소 사고를 예언하였다.

했다. 그리고 간디의 암살에 대해서도 맞추었다. 또 유명한 마릴린 몬로의 자살도 예언한 바 있었다.

이러한 것 외에도 그녀는 중국 공산당이 마침내 중국 본토를 통치하게 된다는 것이며, 흑인 폭동이 심해진다는 것, 흐루시초프 수상이 갑자기 사임하게 된다는 사실 등을 실지로 그렇게 되기 오래 전부터 정확히 예언하고 있었던 것이다.

이렇게 생각해 보면 누구나 다 조금은 이상한 느낌이 들 것이다.

딕슨 부인은 어떻게 보아서는 미래의 일을 내다볼 수 있는 초능력을 가지고 있었지 않은가 하고 생각되는 것도 당연한 일일 것이다. 그리고 실제로 이와 비슷한 일은 특별한 예언자가 아니라도 경험할 수 있는 것이다.

이를테면 멀리 떨어져 있는 부모 형제나 친한 친구들의 꿈을 꾸고서 무엇인가 마음에 사로잡힐 때는 마침내 그 사람이 죽었다는 통지를 받았다던가, 또 여행을 하려는 사람이 무엇인가 예감이 좋지 못해서 예정을 연기했더니 타고 갈 뻔한 배나, 열차나, 비행기가 큰 사고를 일으켜 많은 사람이 죽었다는 일이 생긴다. 즉 연기했기 때문에 구사 일생을 했다고 하는 말은 실제로 자주 듣는 일이다.

● 마음과 물체를 뚫어 보는 사람들

영감 또는 텔레파시라고 하는 것도 있다. 즉 사람과 사람 사이에 말을 사용하지 않고, 더욱이 어느 정도 거리를 띄우고서 생각하고 있는 것을 전한다고 하는 초능력이다.

이 텔레파시의 예도 그 수를 헤아리면 한이 없을 정도로

많이 있다. 이를테면 지금 나의 둘레에서는 이러한 텔레파시의 실화가 있다.

1960년경 미국의 미시간주의 어느 작은 도시에 이상한 능력을 가져 유명해진 더벨 순찰 경찰관이 있다.

더벨 순경은 순찰 중에 거리에서 스쳐 지나간 사람 중에서 범죄자를 여러 번 발견하고 있었다.

무슨 증거가 있는 것도 아니며, 남다른 몸짓도 하지 않는, 얼핏 보고서는 보통 사람과 별로 다름이 없기 때문에 아무도 이상하게 여기지 않는 사람이, 더벨 순경에게는 머리에 떠오른다고 하니 정말 이상하지 않은가?

더욱이 한두 번도 아닌 것이다. 그 수년 동안에 5번이나 얼굴을 보고서 흉악범을 잡았던 것이다.

"도대체 어떻게 해서 그가 범인인지 알게 됐습니까?"

여러 신문 기자의 질문에 더벨 순경은 머리를 긁적이면서

“나도 잘 모르는 일입니다. 가끔 상대의 얼굴을 보는 것만
으로 그 남자가 마음 속에서 ‘이놈은 위태로운 존재다. 빨
리 피하지 않으면 잡히고 말 것이다.’ 라고 큰 소리로 지껄
이는 것이 들렸다.”
라고 말하였다.

만일 이것이 진짜라고 하면 이 더벨 순경의 경우뿐만 아니
라 텔레파시가 있다는 것이 된다. 그리고 이러한 예는 더벨 순
경의 경우뿐만 아니라 얼마든지 있는 것이다.

또, 이것과는 조금 다르지만 눈을 감고 있어도 여러 가지 것
이 보이거나, 상자나 봉투 속에 들어 있는 것을 바깥에서 보는
것만으로 알 수 있게 된다든지하는 투시 능력 또는 천리안의

소지자들이 있다. 이를테면 다음과 같은 실험을 나도 본 일이
있다.

먼저 투시술자는 조수의 손에 의해 눈이 엄중히 가려진다.
그리고 관광객 속에서 선정된 사람들을 투시술자 앞에 세우고
남자인가 여자인가 또, 나이는 얼마가 되며 복장은 어떤가를
맞추는 일이었다.

내가 본 투시자는 사회자가 물어 볼 때, 서슴지 않고 이렇
게 대답을 했다.

"30살 정도 되는 남자이다. 안경을 쓰고 있다. 복장은 엷은
갈색의 양복에 검은 점이 들어 있는 붉은 넥타이를 매고
있다. 신은 밤색."

물론 조수가 아무런 귀띔을 해준 것이 아님은 확실하다. 내
가 잘 보고 있었으므로 무슨 요술을 부린 것도 아니었다.

여기에 또 관광객 중에서 골라 나왔으므로 거짓이란 것은

절대 없는 것이다. 왜냐 하면 그는 나와 함께 구경하러 간 친구였기 때문이다.

투시술사는 이번에는 지폐의 번호를 맞추었다. 내가 집에서 가지고 간 천원짜리를 꺼내어 2개로 접은 다음 번호가 있는 쪽을 내 앞으로 향하게 해서 가지고 있으라고 조수가 일러 주었다.

"이 천원짜리 지폐의 번호를 맞추어 보아요?"

이 때 투시술사는 역시 아무런 반문도 하지 않고 '2, 2, 4, 7, 1'이라는 숫자를 보통 수를 헤아리는 빠르기로 말했다. 나는 내가 가지고 있는 지폐의 번호를 보고 있었다.

"아니, 어찌해서 이렇게 꼭 맞추었을까!"

투시술사의 눈은 엄중히 가려져 있었다. 투시할 수는 절대로 없는 것이다. 조수나 나의 친구들이 감시하고 있었으므로 어떤 부정이나 자기들끼리 무슨 신호를 하는 일 등은 절대 있을 수 없는 일이었다.

오늘날의 물리학으로는 내가 손에 쥐고 있는 천원짜리의 번호를 읽거나 알거나 하는 일은 절대 있을 수 없는 일인 것이다. 물론 나는, 기술이라는 것에는 보통 사람으로는 알 수 없는 교묘한 트릭(계략)이 있다고 하는 사실을 알고 있다.

그러므로 혹은 이 때에도 훌륭한 기술의 트릭에 걸려 들었을는지도 모를 일이다. 그러나 모든 일에 특별히 주의를 기울이고 있었으므로 우선 그러한 일은 없을 것이라고 생각해 보았지만 절대적인 확신은 없었다.

그러나 만일 이것이 트릭이 아니라면, 이 투시술사는 눈이 아니고 마음에서 물건을 볼 수 있는 초능력을 가지고 있는 것이다.

거의 어느 나라에서나 이러한 투시술사가 있다. 그 중에서
도 가장 유명한 것은 기적의 인간이라고 일컫는 미국인 에드
가 케이스이다.

그는 어릴 때 공부를 잘 못해서 아버지로부터 꾸중을 듣고
오랜 시간 공부를 하고 나서 교과서를 베개삼아 베고 있다 잠
이 들어 버렸다. 이리하여 잠이 깨었을 때, 그는 교과서의 내
용이 그대로 머릿속에 들어 있다는 사실을 알았다고 한다.

케이스가 기적을 일으키게 된 것은 20살이 되고서부터라고
한다. 그는 환자의 몸을 조용히 보고 있는 것만으로도 어디가
나쁜지, 그리고 어떤 치료를 하는 것이 좋은지를 알아 냈다고
한다. 더욱이 케이스는 의학에 대한 공부를 한 일이 없다고
한다.

그는 여러 환자를 그 투시술로 완쾌시켰다. 때로는 의사의
오진을 보고서 환자를 구해 낸 일도 있었다.

환자뿐만 아니다. 경찰에서 해결하지 못한 살인 사건의 수
사를 부탁받고서 숨겨 놓았던 흉기를 당장 투시술로 발견했을
뿐만 아니라, 범인을 텔레파시로 잡아 범행 일체를 자백하게
한 일도 있었다.

에드가 케이스는 1945년 67세로 사망했는데, 그 때까지
12,000명 이상의 환자를 완쾌시켰다.

의학 공부도 않고 의사 면허도 없는 사람이 사람의 병을 고
친 이야기는 신비 그 자체이다.

브라질의 호세 페드로 데 프레이스타는 바로 신비의 인물이
었다. 별명이 아리고였는데 시골뜨기란 뜻이다.

학교 다닐 때 아리고는 이상한 환각으로 고통받는 일이 자
주 있었다. 그의 눈에 눈부신 빛이 보이고, 알아들을 수 없는

언어로 말하기도 했다.

청년 시절에는 탄광에서 일했고, 얼마 안 되어 실직했다. 그 후 술집을 차려 생계를 꾸려 갔다.

그 때부터 아리고는 밤마다 악몽에 시달렸다. 꿈 때문에 두통을 심하게 앓았다. 꿈에 수술실의 건장한 대머리 의사가 나타나서 간호사들에게 이야기했다. 그 의사는 어릴 때의 환각 속에서 들어 있던 사람이었다.

"나는 아돌프 프리츠 박사다. 나는 1차 세계 대전 때 죽었다. 나는 죽었기 때문에 해야 할 일을 다하지 못했다. 나 대신 일을 해 줄 사람으로 아리고를 선택했으니, 앞으로 병든 사람과 어려운 사람을 도와 주어야 한다. 그러면 평온을 얻을 수 있을 것이다!"

꿈 속에서 의사는 이렇게 말했다.

1950년 이상한 일이 아리고에게서 일어났다. 비텐코르트라는 사람이 묵고 있는 호텔에서 아리고가 하룻밤을 보냈다. 비텐코르트는 폐암을 앓고 있었다. 그 날 밤이었다. 비텐코르트가 막 잠들려고 할 때 방문이 스르르 열렸다. 아리고가 들어와 불을 켰다.

"위급하기 때문에 수술을 해야만 되겠소."

아리고는 이렇게 말하면서 수술을 시작했다. 그러자 비텐코르트는 의식을 잃었다. 비텐코르트가 의식을 되찾았을 때는 그의 파자마 상의는 칼로 갈기갈기 찢겨져 있었고 피가 묻어 있었다. 가슴팎에는 깨끗이 도려 낸 자리가 있었다. 비텐코르트는 옷을 입고 아리고의 방으로 갔다.

"고맙습니다. 수술을 안전하게 해 주셔서 정말 감사합니다."

"나는 그런 수술을 한 일이 없는데요."

비텐코르트의 말에 아리고는 고개를 내저었다. 아리고는 비텐코르트의 방으로 갔다. 피 묻은 파자마와 가슴을 도려 낸 걸 보고 그는 어떤 수술이 있었다는 걸 느꼈다.

아리고는 걱정이 되었다. 자기는 수술한 일이 없는데 그렇다니 은근히 걱정이 되었다.

'내가 어떤 환각 상태에서 수술을 한 건 아닐까?'

아리고의 머리에는 의문의 꼬리가 끊이질 않았다. 비텐코르트는 병원에 가서 X선 촬영을 했다. 폐암의 흔적을 찾아볼 수 없이 사진은 깨끗했다. 정말 정상인의 폐였다.

"어떤 일이 있었습니까?"

의사는 눈이 동그래져서 물었다. 의사는 비텐코르트가 폐암을 앓고 있는 것을 알고 있었다. 비텐코르트는 사실대로 이야기했다.

이 소문은 삽시간에 퍼져 나갔다. 환자들이 아리고에게로 몰려들기 시작하였다. 아리고는 이들을 수술하고도 그것을 기억하지 못했다. 아리고에게 수술받은 환자들은 말끔히 나았다.

6년 동안 하루에 300명의 환자를 치료했다. 아리고는 마침내 불법 의료 행위를 한다고 고소를 당했다.

아리고는 재판정에 서게 되었다.

"수술은 제가 하는 것이 아니고 프리츠 박사가 합니다. 나는 프리츠 박사와 환자들을 연결해 주는 일을 한다고 할 수 있습니다. 나도 모르는 상태에서 행해지는 수술이니까요."

아리고의 이 말을 믿을 사람이 어디 있겠는가? 징역 15개월과 크루제이로(약270달러)의 벌금형을 받았다. 나중에 고등 법원에서 징역 8개월에 집행 유예 1년의 판결을 받아 풀려났다. 환자들은 계속 몰려들었다. 아리고는 환자들의 병을 수술로

일란성 쌍둥이—일란성 쌍둥이는 보통 사람보다 텔레파시의 횟수가 많고 반응 횟수도 높다.

고쳐 주었다. 그러나 치료비는 전혀 받지 않았다. 참으로 신비한 일이 아닐 수 없다. 아리고는 1971년 1월 11일 자동차 사고로 사망했다.

텔레파시의 현상을 보여 준 많은 예도 있다.

1980년에 쌍둥이 자매가 뉴욕의 재판정에 서게 되었다.

'저런 일도 있을까?'

재판관은 눈을 둥그렇게 떴다. 쌍둥이는 동시에 같은 몸짓을 했다. 동시에 웃었고, 동시에 손을 입으로 올리기도 했다.

이 쌍둥이는 한쪽이 왼손을 사용하면 다른 쪽은 오른손을 사용하고, 또 한쪽이 머리를 시계 방향으로 말면 다른 쪽은 그 반대로 말기도 했다. 이런 현상을 거울 반사라고 한다. 한쪽이 팔찌를 왼팔에 하면 다른 한쪽은 오른팔에 하였다. 한쪽이 오른쪽의 구두끈이 없어지면, 다른쪽은 왼쪽 구두끈을 풀고 다니기도 했다.

이들 쌍둥이는 어른이 되어도 같은 행동을 했다. 아침을 할 때는 프라이팬을 동시에 들었다. 외출할 때는 똑같은 빛깔의 옷을 입었다.

한 사람이 생각한 바를 다른 사람이 정확히 알고 있었던 것이다. 몸은 둘이었지만 실제로 한 인간인 셈이다.

켈리포니아의 두 여자 쌍둥이는 두 사람만 알아들을 수 있는 말을 주고받았다고 한다.

쌍둥이 형제가 각각 양자로 들어가 살았다. 형은 루이스 부부에게, 동생은 스프링거 부부가 맡았다.

쌍둥이는 39살 때 서로 만나게 되었다. 만나자마자 함께 지낸 사이처럼 친밀해졌다. 둘 다 손톱을 깨무는 버릇이 있었고, 그 밖의 비슷한 습관을 가지고 있었다. 둘 다 린다라는 이름의 여성과 결혼하고, 최초의 아내와 이혼했고, 베티라는 이름의 여자와 재혼했다.

쌍둥이 형제는 마음이 일치했다. 동생이 이야기를 시작하자 형이 중간에서 그 말을 이어 받았다.

● 정신이 물체를 움직인다

이러한 과거의 투시, 미래의 예지, 텔레파시, 그리고 천리안 외에 초능력에는 또 하나의 중요한 일이 있다. 그것은 '정신 동력'인 사이코키네시스라고 하는 것이다.

정신 동력이라는 것은 손이나 발을 사용하지 않고 정신의 힘만으로 멀리 떨어져 있는 것을 움직이는 힘인데, '염력'이라고도 한다.

이를테면 트럼프를 하면서 다음에 다이아몬드의 킹만 있으면 올라간다고 할 때, 다음의 카드를 뺄 때 뜻밖에 마음 속으로 '다이아몬드의 킹이 나오도록'이라고 기원하는 기분이 생기는 일이 있다.

또, 주사위에서 다음에 5의 눈이 나오면 올라간다고 할 때에는 주사위를 흔들 때 마음 속에서 '제발 5가 나오도록'이라고 기원을 할 것이다.

사실은 잡아 낼 카드는 이미 정해져 있는 것이고, 주사위에서 5의 눈이 나타날 것은 6분의 1의 확률이기 때문에 기원한다고 해도 되지 않는다.

가령 그 때 다이아몬드의 킹이 나온다고 해도, 또 5의 눈이 나온다고 해도, 단지 우연의 일치에 지나지 않는다.

그러나 그 때 여러분은 어떻게 해서든지

"염력이 통해져 보고 싶다."라고 느끼는 일이 있을 것이다.

혹은 한 마음으로 기원하면 염력이 작용하게 된다고 믿고 있는 사람도 있을 것이다. 그런데 심령술사 중에는 이러한 염력이 실제로 자기 몸에 갖추어져 있다고 주장하는 사람도 있다. 그러한 염력 실험을 텔레비전으로나 실제로 본 사람도 있을 것이다.

심령술의 실연에서는 대개 어두운 방안에서 커튼을 둘러치고, 그 안에 손을 묶은 영매를 넣어 두고, 그로부터 조금 떨어진 테이블이나 의자를 움직이거나 불이 켜져 있는 촛불을 움직이게 하는 일을 한다.

그러나 이러한 실연의 대개가 매우 유치한 트릭을 사용한 엉터리임은 많은 기술사들이 말하고 있는 일이다.

영매들은 정신을 통일하기 위해 방안을 어둡게 한다고 하지만 사실은 관광객의 눈을 속이려는 목적이 있는 것이다. 그리고 그 어둠을 이용하여 관광객한테는 보이지 않는 세공해 놓은 끈이나 막대를 사용하여 책상이나 의자를 움직인다고 한다.

이러한 엉터리라면 말할 나위 없는 일이지만, 만일 엉터리가 아니라면, 즉 정말로 거짓이 없는 물체가 움직인다면 염력의 존재는 증명되는 것이다.

나는 안타깝게도 실제로 그런 실연을 본 일이 없다. 그러나 기록에 의하면 그러한 실연을 할 수 있는 사람이 있다고 하는

것이다.

이를테면 독일의 에우더피어 파라디 부인은 언제나 많은 방에서 실연을 하였다. 그리고 염력을 낼 때는 여러 명의 남성들에 의해 의자에 꽉 눌려 있었다. 그럼에도 불구하고 방안의 커튼이 바람에 날리는 것처럼 펄럭거리며 올라가거나 테이블 위에 놓아 둔 바이올린이 소리를 내거나 했다고 한다.

이 파라디 부인의 이상한 힘에 대해서는 실연에 참가한 많은 심리학자나 물리학자 그 밖에 과학자들이 증언하고 있다.

최근에는 이러한 염력의 존재를 어떻게 해서든지 과학적으로 해명하려는 과학자도 있다.

그 중에서도 미국의 듀크 대학의 JB 라인 박사는 초심리학(파라사이콜로지) 분야의 연구에서는 세계 제일의 권위를 가지고 있는 사람이다.

라인 박사는 마음이 눈이나 귀나 손이나 발 등의 도움을 받지 않고 물체에 작용하는 것이 증명된다면 염력이 있는 것이라고 생각하였다. 라인 박사의 실험은 다음과 같이 해서 실행되었다.

그는 먼저 손을 절대로 쓰지 않고 주사위를 굴리기 위해 기계 장치의 주사위 투척기를 연구해 냈다. 그리고 실험자에게 투척할 때 어떤 특정의 눈이 나오도록 염원했던 것이다.

매우 많은 수를 투척하면 주사위의 눈이 나오는 모양은 대개 평균으로 된다고 하는 것은 증명되고 있다. 따라서 실험자가 염원하고 있던 특정의 주사위 눈만이 평균보다 많이 나오면 약하기는 하지만 염력이 있다는 것이 된다.

라인 박사는 이렇게 해서 주사위를 수백 수천 번 투척한 결과 염력이 있다는 결론에 도달했다고 한다.

1894년 2월 7일, 미국 미시시피주의 컬럼비아에서 죄인에게 사형을 집행하려고 했다. 농부 한 사람을 죽인 죄로 교수형을 받기 위해 형장으로 나온 퍼비스였다.

교수대의 밑바침대가 열리자마자 퍼비스는 아래로 떨어졌다.

"이젠 숨을 거두었겠군!"

사형 집행인은 이렇게 중얼거리며 시신을 확인했다.

사형 집행인이 소리쳤다.

"죄인이 살아났다."

죄인 퍼비스는 상처 하나 없었다. 모두 깜짝 놀랐다.

올가미의 매듭이 풀어지거나 벗겨지지 않는 한 목이 졸려 죽게 되어 있다. 그런데 참으로 이상한 일이 일어났다. 올가미의 매듭이 풀어져 있었다. 퍼비스는 그래서 살아난 것이다.

퍼비스는 다시 교수대에 서야 했다. 한 번 사형 선고를 받았기 때문에 숨이 끊어질 때까지 다시 교수형에 처해야 했다. 사형 집행인은 퍼비스를 다시 교수대에 세우고 풀어진 올가미의 매듭을 다시 매어 목에 걸었다.

'이건 바로 기적이다. 기적이 일어난 것이야!'

군중들의 생각은 이러했다.

"최고의 심판관인 하느님이 퍼비스의 죄를 면하게 했다."

군중들은 기적을 보았다고 생각했다. 군중들은 노래하며 하느님을 찬송하며 퍼비스를 영웅처럼 대했다.

당황한 보안관은 퍼비스를 교수형에 취하지 않고 감방에 다시 넣었다.

퍼비스의 사형 날짜는 1895년 12월 12일로 다시 결정되었다. 사형 집행일이 얼마 남지 않은 어느 날, 퍼비스의 친구들이 퍼비스를 탈옥시켰다. 퍼비스는 숨어 버렸다. 한 달 후 새 주지사가 부임해 왔다. 새 주지사는 퍼비스에게 퍽 동정적이었다. 퍼비스는 자수했다. 새 주지사는 퍼비스를 무기형으로 감형시켜 주었다.

'퍼비스의 죄를 완전히 면해 주시오!'

퍼비스의 완전 사면을 요구하는 편지가 수천 통이나 주지사 앞으로 쏟아져 들어왔다. 1898년 말쯤 마침내 퍼비스에게 사면령이 내려졌다.

그 후 조셉 비어드라고 하는 남자가 숨을 거두기 전,

"그 살인 사건의 범인은 나였다."고 자백했다.

퍼비스는 재판정에서도 살인을 하지 않았다고 자신의 무죄를 주장했었다. 마침내 퍼비스는 무죄임이 드러난 것이다.

배심원 12명의 유죄 판결에 퍼비스는 어쩔 수가 없었다.

"난 당신들이 모두 죽는 것을 볼 때까지 살 것이다."

퍼비스는 이렇게 최후 진술까지 했었다.

퍼비스는 1938년 10월 31일에 죽었다. 죽기 3일 전 퍼비스에게 유죄 판결을 내렸던 배심원 중 마지막 사람이 죽었다. 퍼비스의 기적은 하느님만 아는 일이라고 그 때 군중들은 생각하고 있었다.

매튜 메닝이라는 어린이가 11살 때였다.

"이거 이상한 일인데?"

메닝의 아버지 데렉 메닝은 이상한 걸 발견하고 고개를 갸웃거렸다. 아침에 일어나 보니 선반 위의 은컵이 방바닥에 놓여 있었다. 은컵을 다시 선반 위에 얹어 놓았다. 그 이튿날 아침에 또 은컵은 방바닥에 놓여 있었다.

"너 은컵에 손댔니?"

아들 매튜 메닝은 아버지의 말에 고개를 흔들었다. 아버지는 그 날 밤 컵을 둔 선반 주변에 밀가루를 뿌려 놓았다.

범인의 흔적을 알아 내기 위해서였다.

다음 날 아침에도 은컵은 방바닥에 놓여 있었으나 선반의 밀가루는 그대로 있었다. 손을 댄 흔적이 전혀 없었다.

그 뒤 이상한 일은 연달아 일어났다. 있지 않아야 할 곳에 물건이 있기 때문이었다. 움직이는 물건들은 늘 가벼운 장식물, 의자, 식기, 재떨이, 바구니, 작은 커피 테이블, 그 밖의 자질구레한 물건들이었다. 어느 것도 깨어지거나 망가지지 않았다.

소리 없이 물건이 옮겨지더니 나중에는 소리까지 났다. 집에서 무엇을 두드리는 소리와 삐걱거리는 소리가 나기 시작했다. 그 소리들은 묵직하게 문을 두드리는 소리로부터 작은 돌이 창문에 떨어지는 소리에 이르기까지 여러 가지였다. 그 소리들은 집안에서 하루 종일 났다. 누가 그렇게 하는지 전혀 보이지 않은 채 소리만 계속 났다.

"사춘기 아이들 사이에서 가끔 일어나는 일이죠. 아이들을 멀리 보내 보세요."

오웬 박사가 보이지 않는 힘에 의해 물체가 움직이는 걸 확인하기 위해 아버지 데렉 메닝에게 말했다. 아버지는 아들을 친척집에 보냈다. 아이들을 보내고 난 뒤에는 그런 일이 일어나지 않았다.

아들 매튜 매닝이 돌아오자 또 그런 이상한 일들이 더 심하게 일어났다. 그전에는 물건들이 옮겨진 채 그대로 있었지만

이제는 엎어지거나 뒹굴어 있었다.

매튜 메닝이 기숙사 생활을 하기 시작했다. 그러자 더 이상 그런 일은 집안에서 일어나지 않았다.

1970년 매튜 메닝이 크리스마스 때 집에 돌아왔다. 매튜 매닝의 방에서 창문을 긁는 소리가 나고 창 밖에서 발자국 소리가 났다.

"아버지, 제가 침대로 가서 누워 있었는데 찻장 쪽에서 비비는 소리가 들렸어요. 그 소리가 약 30초 동안 계속되었어요. 잠시 귀를 기울이다가 제가 스탠드의 불을 켰지요. 찻장이 벽에서 제 쪽으로 조금씩 움직였어요. 소스라치게 놀랐어요. 찻장은 50센티미터 움직인 뒤 멈췄어요. 제가 전등을 끄자마자 제 침대가 앞뒤로 심하게 움직였어요. 진동이 그치고 제 침대의 반쪽 끝이 약 30센티미터 공중으로 뜨는 것을 느꼈어요. 침대의 머리쪽은 5~7.5미터 정도 올라갔어요. 침대가 방 가운데로 움직여 벽에 각도를 이루고 멈췄어요."

아버지는 아들의 말을 듣고 아들 매튜 매닝의 방으로 가 보았다. 방이 엉망이었다.

아버지는 다시 집안을 살폈다. 식당은 폭탄이 터진 듯했고 의자나 테이블은 제대로 놓여 있지 않았다. 장식품들도 여기저기에 흩어져 있었다. 다른 방들도 다 그러했다.

이런 일이 며칠 동안 반복되었다.

'매튜, 조심하여라.'

벽엔 이런 낙서가 쓰여 있기도 했다. 물건들이 아무의 도움도 없이 움직이는 걸 본 아버지는 더욱 이상한 생각에 빠졌다.

"매튜야! 이건 요정의 장난이 분명하다. 이건 너와 관계가 있는 듯하니 네가 요정을 쫓는 방법을 생각해 봐라."

매튜 매닝은 아버지의 말을 따라 요정의 에너지를 다른 곳으로 옮겨 보려고 했다.

처음에는 글씨를 쓰는 실험부터 했다. 다음에는 섬세한 그림을 그려 보았다. 이렇게 하자 이런 일이 줄어들게 되었다.

매튜 매닝은 실험을 계속했다. 그리하여 초능력과 염력의 분야에서 심령적 능력을 개발했다고 한다.

● 2,000킬로미터의 거리에 떨어져서

텔레파시의 실험도 여러 나라에서 실시되고 있다. 그 중에서도 1959년에 미국에서 실시한 실험은 잘 알려져 있다.

1959년 7월 28일의 일이다. 미국이 자랑하는 세계 최초의 원자력 잠수함 노틸러스 호는 미국 본토에서 2,000킬로미터 떨어진 바닷물 속에 조용히 정지하고 있었다.

함내의 깊숙한 방 하나에는 한 사람의 수수께끼의 승객이 타고 있었다. 그는 함장과 취사병 외에는 얼굴을 보이지 않고 방에서 한 걸음도 밖으로 나오지 않았다.

그는 하루에 2번 정해진 시간이 되면 의자에 앉아 연필을 손으로 쥐고 테이블에 있는 종이를 향하여 조용히 무엇인가를 생각하고 있었다. 그리고 마침내 종이에 여러 가지 기호를 그리는 것이었다.

사각형·별 모양·+자·공·3가닥의 물결 모양 등을 그렸다. 그것을 마치면 또 다음 번에도 같은 짓을 한다. 그러나 기호를 그리는 차례는 대개 그 때마다 달라진다.

그런데 한편 미국 본토의 메릴드주 프렌드십 시에 있는 미국 공군 생물 의학 연구소 1실에서도 그 같은 시간이 되면 한

🔴 제너 카드로 텔레파시 능력을 실험하는 모습—이 실험은 20세기 초에 이미 실시되었고, 그 뒤 많은 실험 끝에 큰 성과를 거두었다.

사람의 남자가 책상을 향해 앉아 있었다.

책상 위에는 보물 추잠기와 비슷한 간단한 기계가 놓여져 있었다. 시간이 되면 그 남자는 기계를 빙빙 돌린다.

그러면 속에서 각각 별 모양·3가닥의 물결 모양·사각형·+자·공 같은 5종류의 기호가 쓰여져 있는 카드가 나온다.

이 기계는 마치 보물의 추잠기와 같은 것이며 어느 카드가 나올 것인가는 물론 그 남자도 모르는 것이다.

남자는 그 카드를 나온 차례대로 정신을 집중시켜 조용히 보고 있다. 그리고 그것이 끝나면 그 차례대로 카드를 다시 봉투에 넣어 봉한 다음 날짜와 시간을 써서 정리해 놓는다.

이것을 몇십 번 되풀이한 뒤 마침내 노틸러스 호는 본토로 돌아왔다. 노틸러스 호 안의 남자는 비행기에 실려 이내 생물의학 연구소로 이송되어 왔다. 그리고 날짜와 시간이 같은 카드를 서로 대조시켜 보았다.

"제1회, 7월 28일 오후 2시의 것부터 내 쪽의 송신 차례는 별 모양·사각형·+자·공·물결 모양의 차례이다."

생물 의학 연구소의 남자가 말했다. 이 때 노틸러스 호의 남자 쪽은 매우 흥분되어 말했다.

"맞았다. 내가 수신한 것도 똑같이 별·사각형·+자·공·물결의 차례이다!"

"어찌해서 그토록!"

방안에 있던 다른 과학자들도 신음하듯이 고함을 쳤다.

"그 다음은 어떻게 되어 있는가?"

"다음은 사각·공·별·물결·+자이다."

"음, 이번에는 조금 달라져 있구나."

이렇게 해서 수십 회의 실험은 엄밀히 조사되었다. 그 결과 모든 실험의 70퍼센트가 맞추어졌다는 것이 알려졌다.

우연이라고 한다면 50퍼센트 정도밖에 맞추어지지 않을 것이지만, 그것이 70퍼센트가 맞추어졌다는 것은 텔레파시가 2,000킬로미터의 거리를 넘어서 적용되었다는 것을 알 수 있지 않을까?

물론 몇십 회로서는 아직 무엇이라고는 말할 수 없다. 이러한 종류의 실험은 몇천 회, 몇만 회로 되풀이하지 않으면 우연인지 그렇지 않은지를 정할 수 없기 때문이다.

그러나 하여간 이러한 실험이 일어났다는 것은 놀랍고 신비한 일이다.

이 이야기는 프랑스의 유명한 한 잡지가 그 비밀의 뉴스원으로부터 얻은 극비 정보로 전해진 것이다. 미국이 초심리학을, 그리고 초능력을 진지하게 연구하고 있다는 증거가 되는 것이다.

하여간 초능력의 연구를 시작한 것은 미국뿐이 아니다. 여태껏 텔레파시라는 것은 터무니없는 것이라고 해서 쳐다보지도 않았던 러시아 역시 최근에는 초심리학과 같은 것을 연구하는 생체 전자 공학(바이오엘렉트로닉스)이라는 학문 연구를 통해 인간의 뇌가 가지고 있는 미지의 능력의 정체를 알아보려는 시도를 계속하고 있다고 한다.

🔺 1966년 러시아에서 실시한 광역 텔레파시 실험 지역—모스크바와 노보시비르스크를 잇는 실험에 성공하여, 텔레파시와 전자파와는 관계가 없음이 증명되었다.

● 다른 물리 법칙이 있는가?

그럼 또다시 말할 필요가 없는 일이지만, 세간 일반은 이러한 초능력의 존재를 믿지 않고 있다. 또 과학자들도 그러한 일은 있을 수 없다고 생각하고 있다.

인간의 마음에 초능력이 갖추어져 있다고 확신하고 있는 것은 현재로는 일부의 종교가와 심령술사뿐이다.

심령술에서 초능력은 모두 다 인간의 마음에 깃드는 영의 힘으로 발휘된다고 생각하고 있다. 즉 지금까지 보아 온 것과 같은 여러 가지 종류의 초능력은 모두 다 신비적인 영의 힘이 바탕이 되어 일어난다는 것이다.

과거나 미래에서 일어나는 일을 지금 눈앞에서 보는 것처럼

🔻 영혼의 목소리를 듣고 있는 유리겐슨(왼쪽)과 한스밴더 박사(오른쪽)—영능력자는 영혼과 접촉하여 교신하는 능력을 가졌다.

알고, 멀리 떨어진 곳의 사람의 마음을 짚거나, 볼 수 없는 것을 보거나, 손이나 발을 사용하지 않고 물체를 움직이는 것 등은 모두 다 마음에 깃드는 영의 덕분이라는 것이다.

영이라고 하는 것은, 몸으로부터나 마음으로부터 독립하여 존재하는, 눈에 보이지 않는 것이라고 심령술사들은 말하고 있다. 그리고 이 사람들은 아무런 의심도 없이 그것을 믿고 있다.

그러나 우리들 현대인은 그것을 그렇게 간단히 믿지는 않는다. 그 까닭은 우리들은 매우 보편적으로 과학적인 사고 방식을 하게 되어 있기 때문이다.

과학적인 사고 방식에 의하면 인간의 마음은 두뇌로부터 생긴다. 즉 마음은 몸의 일부분인 뇌의 작용에 의해 생기는 것이다. 만일 우리 몸의 뇌가 죽으면 마음도 함께 소멸해 버리고 만다.

물론 사후의 영이라고 하는 것도 없다. 영 등이라고 생각하는 방법 그 자체가 비과학적인 미신에 지나지 않으며, 따라서 영이 일으키는 초능력 등이라는 것도 존재하지 않는다고 과학자들은 생각하고 있다. 이러한 생각에 대해서

"그러나 마음이나 뇌의 작용이라고 해도 초능력은 존재하는 것이다."

라고 주장을 한 것은 앞에서 말한 미국의 초심리학자 J.B.라인 박사 등이다.

박사는 심령술사들의 주장을 과학적으로 뒷받침하려 하였다. 물론 박사의 실험은 앞에서도 말한 바와 같이, 아직 진짜 과학적 사실로 인정할 수 있는 결과를 낳지 못하고 있지만, 만일 전파의 일종인 뇌파가 텔레파시나 텔레키네시스 현상을 일으킨다고 하면 실제로 그러한 일도 있을 거라는 느낌이 든다.

이를테면 텔레파시라고 하는 것은 인간의 머리가 라디오와 같은 송신기로 되어 있어서 뇌파를 보내거나 받거나 하여 마음을 알 수 있는 현상이다. 또 텔레키네시스라고 하는 것은 뇌파를 다른 물리적 힘으로 바꾸어, 그것으로 물체를 움직이고 있는 것이다. 그러나 안타깝게도 라인 박사의 학설에는 매우 큰 약점이 하나 있다.

확실히 인간의 뇌는 매우 복잡한 전기 진동을 일으켜 작용하고 있다. 그러나 그 뇌파는 지금의 훌륭한 엘렉트로닉스의 기술을 사용해도 검출할 수 없을 정도로 매우 약한 것이다.

우리들의 둘레에는 뇌파보다 훨씬 센 전파가 언제나 날고 있다. 라디오의 전파도 있고, 텔레비전 전파도 있다. 공중 전기의 방전이 있는가 하면, 자동차의 엔진이나 모터가 스파크를 낼 때 일어나는 전파도 있다.

만일 인간의 뇌가 약하고도 약한 전파를 느낄 만큼 예민하게 되어 있다면, 일 년 내내 그러한 전파를 느끼지 않으면 안 될 것이다. 그리고 만일 그렇다고 하면 인간은 단번에 노이로제가 되어 머리가 돌게 될 것이다.

그러나 반가운 일은 인간의 뇌는 그렇게는 되어 있지 않다는 것이다. 따라서 뇌파를 느끼는 정도로는 되어 있지 않은 것이다. 뇌파를 느끼는 일도 할 수 없다고 하면, 라인 박사의 학설도 성립되지 않게 되어 버리기 때문에 나는 거기서 또 하나 가설을 세워 보기로 한다.

그것은 때에 따라서는 마음의 작용 가운데는 보통 세계의 물리 법칙이 아니라, 4차원 세계의 물리 법칙에 의하지 않으면 이해하지 못할 일이 있지 않을까라는 것이다.

다른 말로 바꾸어서 설명하면 보통의 거리나 시간이나 그

🔺 **전파를 송수신하는 방송 시설**—방송국의 전파가 TV수신기에서 영상으로 바뀔 수 있는 것처럼 사람의 뇌에서 나오는 뇌파도 영상으로 바뀔 수 있는 것으로 본다.

밖의 물리학 조건에 얽매이지 않는 특별한 작용을 하는 일이 있지 않은가 하는 것이다.

만일 그렇다고 하면 과거나 미래의 일을 알 수 있는 것도, 보이지 않는 것을 눈으로 직접 볼 수 있는 것도, 물리적인 힘의 개입 없이 물체가 움직이는 것도, 약한 전파가 먼 곳까지 다다르게 되는 것도 이상할 리 없다.

그러면 도대체 4차원 세계라는 것은 어떤 세계이겠는가?

4차원 세계란 무엇인가?

신비한 4차원 세계

● 4차원 사람이 3차원 세계를 본다면

4차원이라든가 3차원이라고 하는 것은 기하학의 용어로서, 차원이라든가 넓이 또는 방향이란 뜻이다.

기하학에서는 제로·차원을 점, 1차원을 선, 2차원을 면, 3차원을 입체라고 생각하고 있다.

우리들이 살고 있는 이 세계가 높이와 나비와 깊이가 있는 3차원의 세계라는 것은 우리들도 잘 알고 있는 사실이다.

우리들의 세계에서 모든 것은 입체로 되어 있다. 우리들의 몸도, 둘레에 있는 모든 물질도 모두 다 입체이다.

이를테면 아메바나 바이러스와 같은 미생물도 입체로 되어 있다. 종이와 같이 얇게 된 것도 실은 입체인 것이다.

평면과 같이 보이는 것은 겉보기뿐이며, 돋보기나 현미경으로 보면 종이에도 깊이가 있어서 훌륭한 입체라는 것을 알 수 있다.

이 3차원의 세계에는 높이와 나비와 깊이 이외의 차원 곧 방향은 없다. 그렇기 때문에 우리들은 바닥이 있고 지붕이 있고 또 벽이 있는 집에서 살고 있다. 이 세 방향을 가려 놓으면 빗물도 들어오지 않을 것이고, 바람도 불어 들어오지 않을 것이다.

또 돈이라든가 보석이라든가 중요한 서류와 같은 것을 다른 사람에게 빼앗기지 않도록 감추어 놓으려고 할 때, 그것을 금고에 넣어 두는 것도 같은 이유이다.

금고에는 높이와 나비와 깊이가 있다. 즉 3차원의 모든 방향을 꽉 막아 두고 있다. 그러므로 금고는 열쇠로 열거나 드릴 같은 것으로 열지 않는 한 속에 들어 있는 것을 끄집어 낼 수 없다.

그러나 만일 여기에 넷째의 공간이 있는 세계, 즉 4차원 세계라는 것이 있고 그 4차원 세계에 우리들의 인간이 있다고 하자.

그러면 그 4차원 세계의 사람은 얼마만큼 문을 굳게 닫아 놓은 집안에도 슬쩍 들어갈 수 있을 것이고, 단단히 닫혀 있는 금고에서 열쇠나 드릴을 사용하지 않고도 그 속의 물건을 끄집어 낼 수 있다.

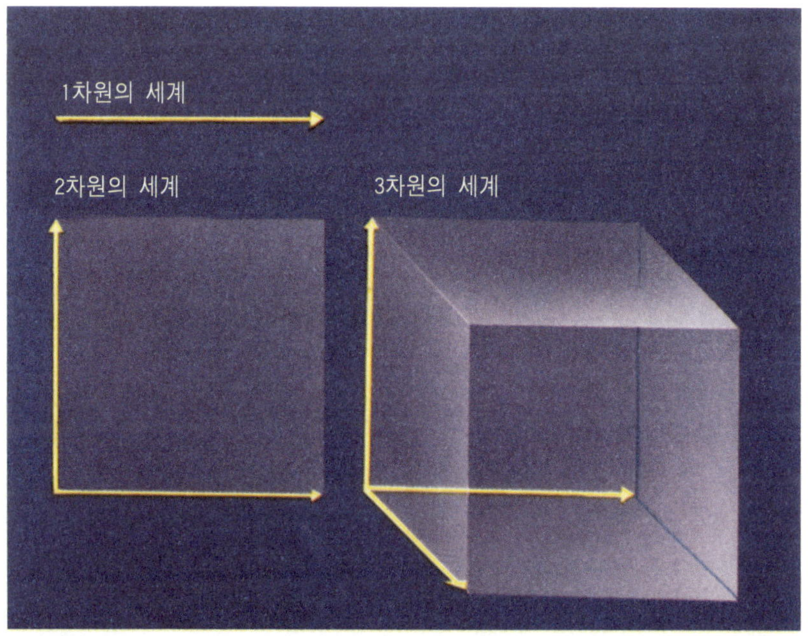

🔴 **차원이란**—직선상의 세계는 한 방향밖에 없으므로 1차원의 세계이다 평면상의 세계는 가로·세로의 두 방향을 가지므로 2차원의 세계이다. 가로·세로·높이 세 방향을 지닌 공간은 3차원의 세계이다.

어찌 그러한 엉터리짓이 있을 것인가? 그러나 그것이 극히 간단하게 이루어진다. 무엇 때문이겠는가? 그 이유는 매우 간단하다.

4차원 세계의 사람 쪽에서 보면 3차원 세계의 집이나 금고도 한쪽이 활짝 열려 있는 것과 같기 때문이다.

"그러나 아무 데도 열려 있는 곳이 없지 않은가?"

여러분은 그렇게 생각할 것이다. 3차원 세계의 사람이라면 당연한 생각인 것이다. 즉 3차원 세계의 사람인 우리들은 넷째 차원의 방향은 볼 수도 없으며, 닿지도 못한다. 그것을 이해하려면 1차원 세계의 것으로부터 다시 한번 생각해 가지 않으면 안 된다.

여기에 1차원 세계가 있다고 하자. 이 세계는 직선뿐인 1개의 똑바른 선이 어디까지나 늘어서 있는 세계이다.

이를테면 기나긴 다리와 같은 세계라고 생각해 보자. 즉 이 세계에는 나비라고 하는 것은 전연 없다. 그러므로 이 다리의 도중에 큰 돌이라도 있다고 하면 그 앞쪽으로는 절대 나아갈 수 없게 된다.

"그런 일은 없다. 보트를 이용하여 오른쪽이나 왼쪽으로 돌아가면 되지 않겠는가?"

만일 여러분이 그렇게 생각한다면 그것은 이미 1차원 세계에 사는 사람들의 사고 방식이 아니다. 옆으로 돌 수 있다는 것은 나비가 있기 때문이다.

그리고 나비가 있는 세계라는 것은 평면의 세계인 2차원의 세계라는 것이 된다. 만일 우리들이 옆으로 도는 그 순간에 1차원 세계의 사람들의 눈으로 보면 우리들은 단번에 사라져 보이지 않게 될 것이다.

그러면 다음은 2차원 세계인 평면의 세계이다. 이 세계에는 깊이와 나비는 있으나 높이가 없다.

다음과 같은 비유의 이야기를 생각해 보자.

어떤 곳에 개미와 여치가 살고 있었다. 개미는 여름 내내 열심히 일을 하여 먹이를 저장해 놓았지만, 여치는 노래만 부르고서 놀고만 있었으므로 가을이 되자 먹이가 없어서 매우 곤란해졌다.

여치는 개미에게 찾아가서,

"먹이를 좀 주세요."

"안 돼, 너와 같은 게으름뱅이에게 나누어 줄 먹이는 없어." 하고서 개미는 거절해 버렸다.

이 때 그 곳에 태풍이 불어 와 큰 비가 내려 그 근처는 홍수가 났다. 개미들은 필사적으로 달아날 곳을 찾았으나 물은 더욱 불어났다.

여치는 날개를 펴고 공중으로 날아 올라 더욱 높은 곳으로 피난할 수 있었다. 그러나 날지 못하는 개미는 물에 갇혀서 마침내 빠져 죽어 버렸다.

이솝 우화와는 다른 이상한 이야기가 되어 버렸지만, 이 개미를 2차원 세계의 사람, 여치를 3차원 세계의 사람이라고 생각해 보자.

날 수 없는 개미는 평면 위로만 달아날 수밖에 없었다. 평면 위에 넓혀져 있는 공간으로는 달아날 수 없으므로 결국 물에 빠져 죽어 버린 것이다.

그러므로 만일 이 평면의 세계에 금고가 있다고 하면 그 금고는 둘레를 싸 놓은 것뿐일 것이다. 높이가 없기 때문에 위의 공간으로부터 손을 넣을 수 있다는 것은 아예 생각지도 않을 것이다.

따라서 우리들 3차원 세계의 사람이 위로부터 손을 넣어 속에 들어 있는 물건을 끄집어 낸다면 2차원 세계의 사람은 마법을 사용한 것이라고 생각할 것이다.

갑자기 아무것도 없는 공간으로부터 불쑥 손이 나타나 금고 속에 들어 있는 것을 집어서 다시 아무것도 없는 공간으로 사라지는 것이 2차원 세계의 사람들에게는 보일 것이다. 이와 같은 일이 우리들의 3차원 세계에 대해서도 말할 수 있다.

만일 4차원 곧 방향을 가지는 세계가 있다고 하면 어떠하겠는가? 거기에 사는 4차원 세계의 사람들에게 있어서는 우리들

🔴 **4차원의 별**—3차원의 다면체 측면을 펼쳐 가면, 몇 번이나 서로 마주치다가 결국에는 만나지 않고 무한히 펼쳐진다.

의 3차원 사람의 금고나 집이 모두 다 큰 구멍을 활짝 열어 놓고 있는 것처럼 보일 것이다. 왜냐 하면 4차원을 알지 못하는 우리들 3차원인 사람들은 그 방향에는 벽이나 지붕이 없기 때문이다.

그렇기 때문에 4차원 세계 사람은 문을 엄중히 닫아 놓은 집에도 그 4차원의 틈으로 당당히 들어갈 수 있고, 금고의 물건을 훔쳐 내는 데도 문제가 되지 않을 것이다.

그뿐만이 아니다. 우리들 3차원 사람의 눈으로 보면 마법의 기적이라고 생각할 수밖에 없는 일을 당연히 해치울 수 있을 것이다.

이를테면 달걀을 깨뜨리지 않고 속을 끄집어 낼 수도 있을 것이며, 배를 가르지 않고 맹장염 수술도 할 수 있을 것이다. 야구공을 자르지 않고도 뒤집어 놓을 수도 있을 것이다.

왜냐 하면 달걀이나 야구공이나 우리들의 몸은 4차원 세계의 방향이 활짝 입을 열고 있기 때문이다.

즉 3차원 세계의 물질은 마치 장갑이나 양말과 같이 언제나 4차원의 방향이 열려 있다. 4차원 사람은 그 4차원의 방향으로부터 노른자를 끄집어 내거나 맹장염 수술을 할 수 있는 것이다.

그러면 그 4차원의 방향은 어느 쪽에 있는가? 유감스럽게도 그것은 3차원 세계 사람인 우리들로서는 알 수가 없다. 그러나 그것은 결코 어딘가 먼 곳에 있는 것이 아닐 것이다.

이를테면 여기에 입방체가 있다고 하자. 입방체를 들어올려 태양빛이나 전등에 가려 놓아 보자. 그 밑에는 입방체의 그림자가 생긴다. 그런데 그 그림자는 입체가 아니라 평면이다. 이것은 공이나 원추나 원통이나 똑같은 것이다. 그림자 모양은

삼각형으로 되거나, 정방형으로 되거나, 6각형으로 되거나, 원으로 되거나 한다. 그러나 그것은 모두 다 평면인 것이다.

입체가 그림자로 되면 모두 다 평면이 된다. 즉 1차원이 줄어져서 보이게 된다. 하지만 실제로는 그림자뿐인 것이 아니다.

우리들의 눈은 무엇을 보아도 정말로는 평면을 보고 있는 것이다. 부피를 보는 것처럼 생각하는 것은 실제는 착각인 것이다.

이를테면 사과를 본다고 하자. 사과는 확실히 부피를 가진 구형으로 보이는 느낌을 준다. 그러나 실제로는 카메라와 같이 원반으로밖에 보이지 않는 것이다.

그것은 다음과 같다. 이 3차원의 세계에도 4차원의 그림자와 같은 것이 있는지는 모를 일이다.

2차원의 세계인 평면은 1차원의 세계 즉, 직선의 바로 옆에 있다. 3차원의 세계인 입체는 2차원의 평면 세계 바로 위나 아래에 막혀져 있는 것이다.

그렇다면 4차원째의 방향은 우리들의 눈에 보이는 이 3차원의 세계의 바로 옆에 펼쳐져 있을지도 모른다. 그것은 여러분의 눈앞일지도 모르며, 바로 뒤일지도 모를 일이다.

● 4차원의 갈라진 틈인가?

그러면 여기서는 앞에서 이야기한 '실종 미스터리'를 생각해 보자. 그것은 4차원의 방향에서 정신을 잃고 이 3차원 세계로부터 사라진 것이 아닐까? 아니면 그러한 일은 엉터리 같은 일이라고 생각할 것인가?

3차원의 세계에서 4차원의 세계로는 절대로 들어갈 수 없다. 바로 옆에 있다고 해도 서로 아무런 관계가 없는 것이다.

그러나 만일 그 이유는 모르겠지만 3차원의 세계와 4차원의 세계와의 사이에 금이 가서 틈이 생겨 사건들이 그 틈 사이로 떨어진 것이라고 생각한다면, 적어도 이 3차원의 세계에서는 있을 수 없는 실종 미스터리는 해결된다.

그것은 마치 2차원 세계의 평면 금고 속에서 3차원적으로 물건을 끄집어 내는 것과 같은 것이라고 생각할 수 있다.

카리브 해의 '마의 삼각 해역'도 이것에 맞추어 생각해 보는 것이 좋지 않을까?

그 해역은 버뮤다와 플로리다와 자메이카를 잇는 삼각형의 모양이다. 이 공간에는 지금 말한 것처럼 4차원의 뚫어진 틈이 있는 것이다. 또는 그러한 4차원의 뚫어진 틈이 때때로 생기는 것이다.

그리고 행방 불명이 된 비행기는 모두 다 그러한 뚫어진 틈으로 떨어져 이 세상에서 사라져 버린 것이라고 생각해 보는 것이다. 그렇게 생각해 보면 여러 가지 재미나는 해석이 성립된다.

자메이카의 타코마 빙하에 36명의 승객이 사라진 채로 추락한 C-46형 비행기의 예는 보통으로서는 어떻게 해도 해석할 수 없다.

그러나 만일 이 C-46형 비행기가 4차원 세계의 뚫어진 틈에 끼여들어 어떤 이유로 승객 전체가 4차원 세계로 달아난 뒤 기체만이 이 3차원의 세계로 되돌려져 타코마 빙하에 추락했다고 생각해도 좋을 것이다.

더욱이 재미나는 것은 훈련 비행 중에 행방 불명이 된 5대의 TBM 뇌격기의 경우이다. 뇌격기대의 편대장기가 낸 최후의 라디오 연락은

"보라! 우리들이 있는 곳을……"
이라고 하는 말이었다.

이것은 경우에 따라서는 4차원 공간에 끌려 들어간 편대가 돌연 자기들이 날고 있는 이상한 세계를 발견했다는 것을 입증하고 있는 것이 아닐까?

거기는 또한 우리들의 3차원의 세계와는 전혀 다른 무엇이라고 표현할 수 없는 기괴한 세계였는지는 모를 일이다.

또 앞서 날고 있던 곳과는 동떨어진 다른 하늘에 있었으므로 놀란 것인지도 모른다.

여기서 다시 흥미로운 것은 미국이나 멕시코, 브라질 등에서 일어났다고 전해지는 인간이나 자동차의 기묘한 공간 이동

사건이다.

말에 탄 소녀 샤론은 어떻게 해서 눈 깜짝할 사이에 10킬로미터나 떨어진 자기 집 앞으로 온 것일까?

브라질의 사웅파울로 교외를 달리고 있었던 페리스 부처의 자동차는 어떻게 해서 30여 시간 후에 멕시코의 수도에서 발견된 것일까?

상식으로는 도저히 생각할 수 없는 일이다. 과학적으로도 절대로 있을 수 없는 일이다.

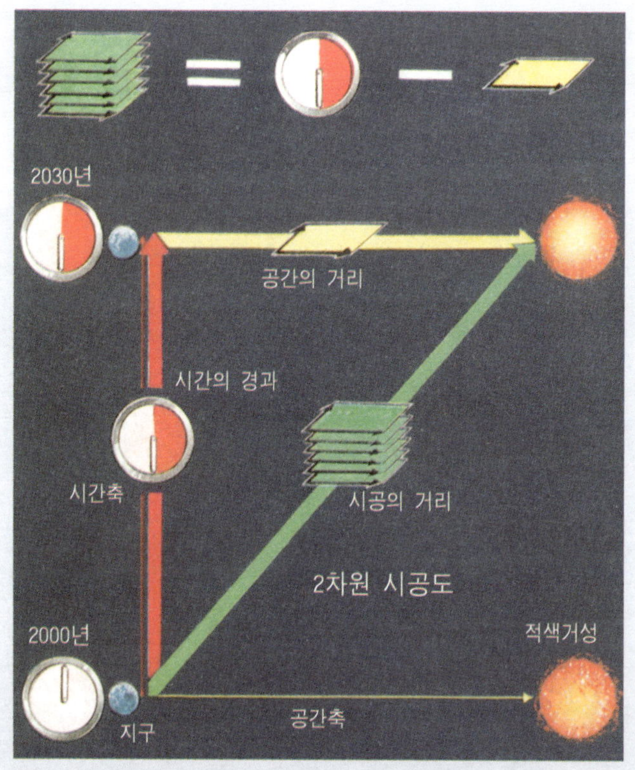

🔴 2000년에 지구를 출발한 항성 로켓이 2030년에 적색 거성에 도착했다. 이 사건을 시공도를 이용하여 생각해 보자. 아인슈타인은 시공의 거리와 시간과 공간 사이에 관계가 있다는 것을 '특수 상대성이론' 으로 밝혀 냈다.

그러나 이것도 4차원의 틈에 끼여든 것이라고 생각한다면 어떠하겠는가?

이 경우 4차원의 뚫어진 틈은 한 번 나타나서 샤론이나 페리스 부처의 자동차를 가두어 두었다가 조금 지난 뒤에 되돌려 주었다고 생각할 수 있다. 샤론의 경우 단 수초, 페리스 부처의 경우는 30여 시간 정도이다.

3차원의 세계에서는 10킬로미터 떨어져 있으면 어떻게 된다고 해도 10킬로미터이다. 또 7천 킬로미터라면 어떻게 꾸불꾸불해져 있다고 해도 7천 킬로미터이다.

그러나 4차원의 공간은 어디서든지 바로 옆의 관계로 된다. 즉 4차원의 뚫어진 틈 속에서는 3차원 세계에서의 거리의 의미가 거의 의미를 지니지 못하게 된다.

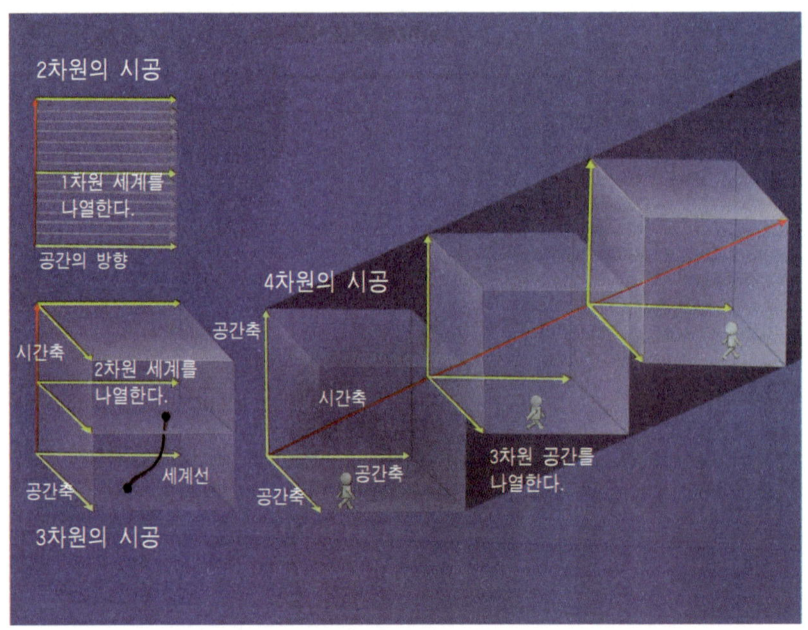

🔴 시간과 공간의 양쪽 방향을 가진 이 세계가 '시공'이다. 시공은 공간의 역사라고 불리운다.

설명을 바꾸어 말하면 몇천 킬로미터도 0으로 될는지도 모를 일이다. 그래서 한 번 4차원의 뚫어진 틈에 뛰어들어갔다가 다시 나올 때, 샤론은 조그마한 차이 때문에 3차원의 세계에서는 10킬로미터나 떨어진 집앞에 순식간에 나타난 것이다.

페리스 부처의 경우는 시간이 길었고 방법도 달라서 7천 킬로미터나 떨어진 멕시코에 출현한 것이 아닐까 하는 생각을 해 보는 것이 어떨까?

물론 이것은 하나의 생각이고, 꼭 이렇다는 것은 아니다. 그러나 이러한 방법으로 생각을 펼쳐 가면 적어도 실종 미스터리의 수수께끼는 쉽게 풀 수 있을 것이다. 한번 생각해 볼 만한 일이 아니겠는가?

● 초입방체의 수수께끼

다시 말할 나위 없이 4차원의 세계가 실제로 있는지 없는지 아직 확인된 것은 아니다. 그러나 수학적으로는 4차원의 공간은 물론 생각할 수 있다.

이를테면 3차원의 정입방체는 6개의 정방형의 평면이 모여서 된 것이다. 주사위는 그러한 3차원의 입방체이다. 여러분도 종이를 잘라 주사위를 만들어 본 일이 있을 것이다. 그 때 똑같은 6개의 정방형을 이은 모양으로 잘라 그것을 접어 만들었을 것이다.

그런데 이 3차원의 입방체는 또 다른 방법으로 생각을 하면 하나의 정방형의 평면을 옆으로 잡아당긴 모양이라고 생각할 수 있다. 즉 평면을 옆으로 이동시키면 입체로 되는 것이다.

그러면 만일 4차원의 입방체 가령, 초입방체라는 것이 있다고 하면 그것은 어떤 방법에 의해서 될 수 있겠는가? 입방체를 만든 것과 같이 입방체를 4차원의 방향으로 이동시키면 될 것이다. 그러면 그것은 어떤 모양을 하고 있겠는가?

안타깝게도 그것은 알지 못한다. 왜냐 하면 우리들은 4차원의 방향이란 것을 모르기 때문이다.

그러나 그 성질만은 알 수 있다. 설명은 생략하겠지만 그것은 6개의 입방체로 되어 있을 것이다.

그것을 주사위를 만들 때와 같이 펴 보면 알 수 있다. 4차원적으로 접었으니 당연히 4차원 주사위가 될 것이지만, 도대체 어떤 모양으로 접어야 하는가? 그것에 대해서는 우리들 3차원 인간들은 어떻게 해도 알 수가 없다.

🔺 **4차원의 초블럭쌓기**—다면체로 3차원 공간을 메우는 것을 블럭쌓기라 한다.

그래도 기하학자들은 이러한 4차원 공간의 성질에 대해 여러 가지로 연구하고 있다. 그리고 우리는 그러한 4차원 공간의 성질을 바탕으로 해서 여러 가지 공상을 할 수는 있다. 그러한 공상을 소설로 꾸민 것이 4차원 소설이라든가 이차원 소설이라고 하는 SF이다.

지금까지는 모두 다 실화로 설명해 왔는데, 여기서는 왜 소설의 이야기를 끄집어 내고 있는가 하면, 이러한 가공의 세계의 일을 공상할 수 있는 것은 지금으로서는 SF뿐이기 때문이다. SF는 과학적으로 생각하는 방법을 사용하여, 만일 그러한 세계가 있다고 하면 하고 공상해 볼 만한 소설이다.

여기에 한 사람의 천재적인 건축가가 있었다고 하자.

그는 스스로 연구한 4차원 기하학 응용의 설계에서 한 채의 기교한 집을 만든다. 그 집은 먼저 1층이 입방체, 2층은 같은 모양의 입방체 5개를 +자 모양으로 조합시킨 모양, 즉 복판 입방체의 각각의 면에서 4개의 입방체가 튀어나온 모양이다. 3층과 4층 또한 입방체라고 하는 이상한 모양을 하고 있다.

이것은 앞에서 말한 4차원의 초입방체를 3차원적으로 펼친 모양이다.

마침내 건축이 완성되었으므로 어느 날 그는 처음으로 친구를 데리고 왔다. 그런데 거기에는 1층만 서 있고 2층으로부터 위쪽은 깨끗이 없어져 버렸다.

그러나 어떻든지간에 속을 들여다보려고 입구로 들어가 계단을 올라가 보았는데 어찌된 것일까? 밖에서 볼 때는 1층 밖에 없었는데 2층이 있었다. 그 곳은 살기 좋은 거실이었다.

그것뿐이 아니다. 정면 저쪽으로는 넓은 부엌이 있고, 오른쪽에는 식당, 왼쪽에는 손님용의 침실과 휴게실이 있었다.

"하여간 위로 올라가 보자."

건축가는 계단을 올라 3층으로 가서 다시 4층으로 올라갔다. 그리고 4층 위의 옥상으로 나와 보았다. 그런데 여기는 옥상이 아니고, 처음에 들어온 홀이었다.

"정말 이상해, 유령의 집인지도 모를 일이야. 하여간 여기를 빠져 나가자."

두 사람은 입구의 문을 열고서 밖으로 나왔다. 그러나 나와 보니 거기는 집 밖이 아니라 2층의 휴게실이었다.

"도대체 이 집은 어떻게 되어 있는 것일까?"

그렇게 말하고서 옆의 방문을 열어 보았더니 거기는 4층의

🔴 **파리의 개선문**—덴마크의 건축가 슈플렛켈센이 4차원 입방체의 투시도에서 힌트를 얻어 디자인한 것으로 국제 설계 콩크르에서 1위를 했다.

서재였다. 그리고 그 다음의 문을 열었더니 2층에 있어야 할 부엌이 있는 것이었다.

"이봐, 큰일났어! 우리 모두 이 집 속에 갇혀 버린 것 같아."

그렇게 말하면서 건축가는 문을 열고 자기도 모르게 고함을 쳤다. 그런데 더욱 놀라운 일이 펼쳐졌다.

창 밖은 있어야 할 캘리포니아의 시골 풍경이 아니라, 아프리카의 어느 대평원이 펼쳐져 있지 않은가? 그리고 다른 하나의 창문을 통해 보니 어찌된 일인지 뉴욕 시가가 눈 아래 보였다. 더욱이 뉴욕에서 가장 높은 엠파이어스테이트 빌딩보다 더욱 높은 곳에서 내려다보는 느낌이었다.

두 사람은 필사적으로 집에서 뛰쳐나오려 했지만 나올 수가 없었다. 여기저기 문을 열어 보았지만 반드시 8개의 방 중 어느 곳으로 들어가도록 되어 있었다.

문득 서재에 문이 열려 있는 저쪽을 보니 그 곳에도 역시 서재가 있고, 거기에는 자기와 친구가 등을 마주하고 있는 모습이 있었다.

건축가는 그 순간 어떤 일이 머리에 떠올랐다. 그것은 저녁녘에 있었던 가벼운 지진이었다. 매우 작은 아무것도 아닌 지진이었으므로 그는 그 일은 까맣게 잊고 있었다.

"그렇다, 이제 알았다."

천재 건축가는 고함을 치며 말했다.

"저녁녘에 지진이 원인인 것이다. 그 지진 때문에 3차원적인 조립이 허물어져 4차원적으로 접어든 것이다. 그 때문에 1층에서 4층까지가 모두 1층 속에 갇혀 버리고 만 것이다. 우리들도 함께."

"창문에서 이상한 풍경이 보인 것은?"

"창문이 4차원 세계와 3차원 세계와의 경계로 되어 있는 모양이야. 그러므로 3차원적으로는 전연 다른 먼 아프리카나 뉴욕이나 우리들의 등이 빙 돌아서 보인 것이지."

까닭은 이럭저럭 알게 되었지만 이대로는 영원히 여기에 갇혀진 채 3차원 세계로는 되돌아갈 수 없게 된 것 같았다.

"도대체 어떻게 해야 되지?"

두 사람이 가까이 가서 얼굴을 마주 보고 있을 때 다시 집이 흔들렸다.

● 4차원 회화—3차원에서는 장방형 안에 그려져 있는 모나리자가 4차원에서는 직입방체 안에 놓여진 입체상이 되고, 3차원에서 직교하는 2직선형 십자가에 매달린 그리스도는 4차원에서 직교하는 3평면형의 초십자가에 걸려 있다.

"지진이다!"

고함을 치는 순간 두 사람은 아무것도 없는 들판 복판에 내던져지고 말았다. 아무리 살펴보아도 그 4차원의 비뚤어진 집은 그림자도 찾아볼 수 없었다.

방금 일어난 지진 때문에 집은 다른 공간으로 떨어져 이 세계로부터 모습을 감추어 버린 것이다.

● 비뚤어진 공간의 비밀

이 밖에 공간을 평면이 아니고 공의 표면과 같이 굽어진 공간 즉 곡면이라고 생각하고서, 그 위에 그린 선이나 도형의 성질을 연구하는 비유클리드 기하학이라든가, 비뚤어진 도형의 성질을 알아보는 위상 기하학 등도 역시 4차원 공간에 관계되는 학문이다.

이러한 학문을 한 말로 알기 쉽게 설명하기는 매우 어려우므로, 여기서는 곡면의 성질을 알아보는 것이 그렇게 중요한가에 대해서만 알아보도록 한다.

우리들이 살고 있는 이 우주 공간은 실제는 결코 똑바른 평면이 아니기 때문이다.

공간이란 것이 어떻게 되어 4차원으로 비뚤어지거나 헝클어지거나 굽어져 있는 것 같다. 그러므로 곡면의 성질을 4차원 공간의 성질을 알아보는 것에 의해 우리들 우주의 성질에 대한 수수께끼를 풀 수 있게 되는 것이다.

이 굽은 공간은 갖가지 신비스런 성질을 가지고 있다. 그 하나로 '뫼비우스의 테'라고 하는 것이 있다.

이 뫼비우스의 테에 대한 신비성은 누구나 간단히 실험을 해 볼 수 있다.

종이 테이프를 적당한 길이로 자르고 그것을 도중에서 한번 비튼 다음 양쪽 끝을 풀로 붙인다. 그러면 비뚤어진 테가 된다. 이것이 뫼비우스의 테이다.

극히 간단한 것이지만 이 테의 성질은 눈으로 쳐다본 그대로 간단한 것이 아니다.

먼저 한 곳에 표시를 해 놓고 그로부터 손가락으로 더듬어 가면서 움직여 보자. 손가락은 뜻밖에도 처음에 표시해 놓은 뒤쪽으로 오게 된다.

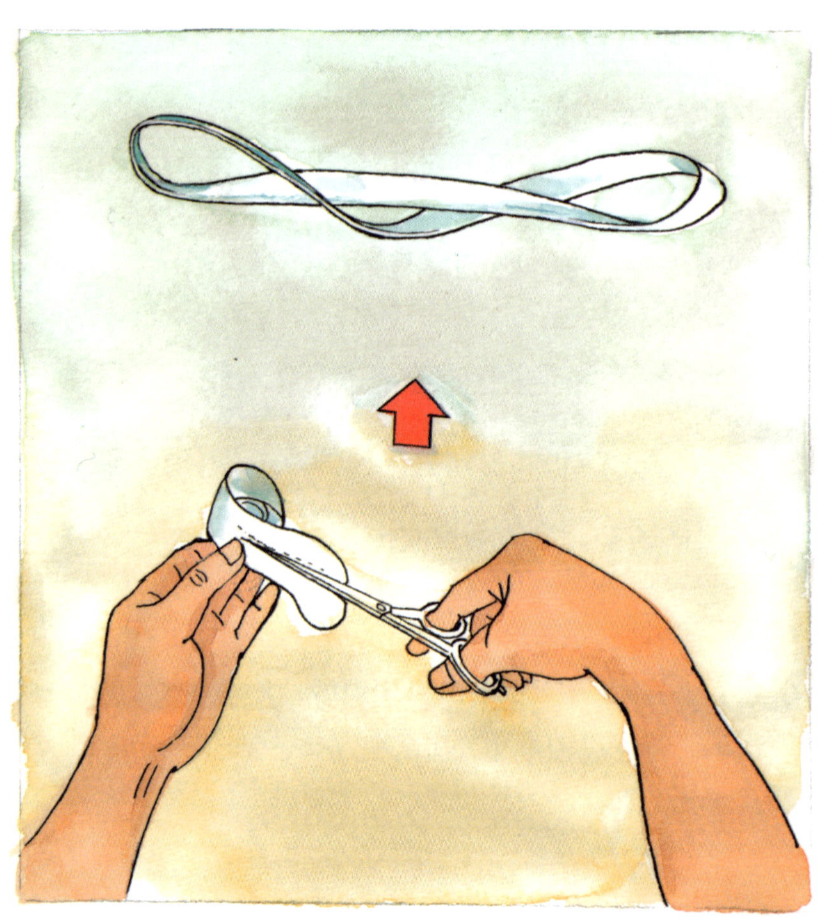

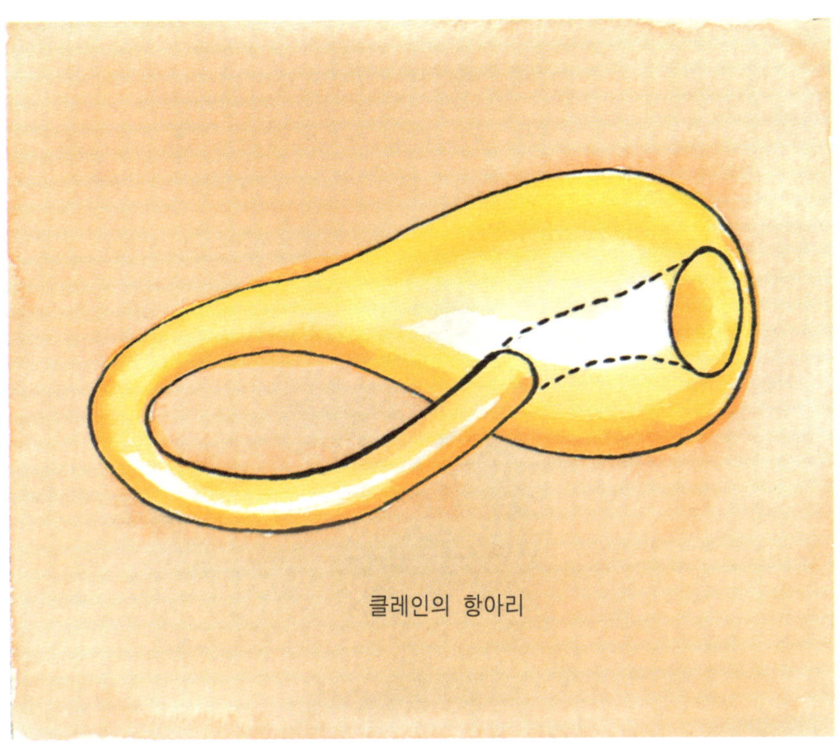

클레인의 항아리

보통의 테라면 표면이 언제까지나 표면으로 되겠지만 메비우스의 테는 표면이 모르는 사이에 이면으로, 그리고 이면이 모르는 사이에 표면으로 되어 버리는 즉, 표면과 이면이 없는 것이다. 또 이 뫼비우스의 테를 가위로 자르면 어떻게 되겠는가?

보통의 테라면 물론 2개로 잘라진다. 그러나 뫼비우스의 테는 2개로 잘라지지 않고, 도중에서 한 번 비뚤어진 본래의 테의 길이의 배가 되는 테로 된다.

또 1개의 고무 호스의 한쪽 끝을 다른 한쪽의 끝 가까이에 끼운 모양을 '클레인의 항아리'라고 한다. 이 클레인의 항아리에도 뫼비우스의 테와 같은 성질이 있다.

우리들이 알고 있는 평면이란 것도 보는 방법을 조금 바꾸면 수수께끼와 비슷한 성질을 가지게 된다.

여러분은 지도를 그려 본 일이 있을 것이다. 그 때 나라와 나라 사이를 똑똑히 구별할 수 있도록 각각의 나라를 색깔로 나누고 있다. 서로 맞닿은 나라를 반드시 다른 색으로 칠한다. 7개국이나 8개국이 있을 경우 색깔은 몇 가지 필요하겠는가?

실제로 그려 보면 알게 된다. 얼마만큼 나라 수가 많다고 해도 4가지 색깔로 충분하게 구별할 수 있다.

그런데 이것을 다이아몬드와 같은 도넛형의 종이에 그렸다고 하자. 그러면 어떻게 하든 7가지 색깔이 필요하게 된다. 평면으로서는 4가지 색깔로 충당되는 것이 어찌하여 7가지 색깔이 필요하게 되는가? 이것도 실제로 그려 보면 알 수 있게 된다. 이러한 신비스런 곡면의 성질은 현실의 세계에서도 무엇인가 다른 사건을 일으키지 않는 것일까?

이를테면 다음과 같은 SF가 있다.

가까운 미래에 지하철이 매우 발달하여, 땅 속을 그물눈과 같이 복잡한 곡선을 그리며 지나가게 된다. 그러면 모르는 사이에 달리고 있는 지하철이 터널의 이면에, 즉 4차원 공간으로 가 버리고 이 세상에서 사라져 버리는 것이다.

또, 이러한 것이 있다. 어느 수학자가 '면이 없는 평면'이란 것을 생각해 내었다. 즉 '클레인의 항아리'의 도형과 같은 것이다. 그리고 이 수학자는 요가의 비법을 이용하여 자기 몸을 비틀어 '클레인의 항아리'를 만들려고 한다.

그리고 수학자가 도면과 같이 몸을 비틀은 순간 의복만 남기고 이 세계로부터 사라져 버렸다.

이것도 '클레인의 항아리'의 4차원 공간으로 사라져 버린 것이지만, 그 뒤 이 수학자는 살짝 치는 박자에 맞추어 다시 벌

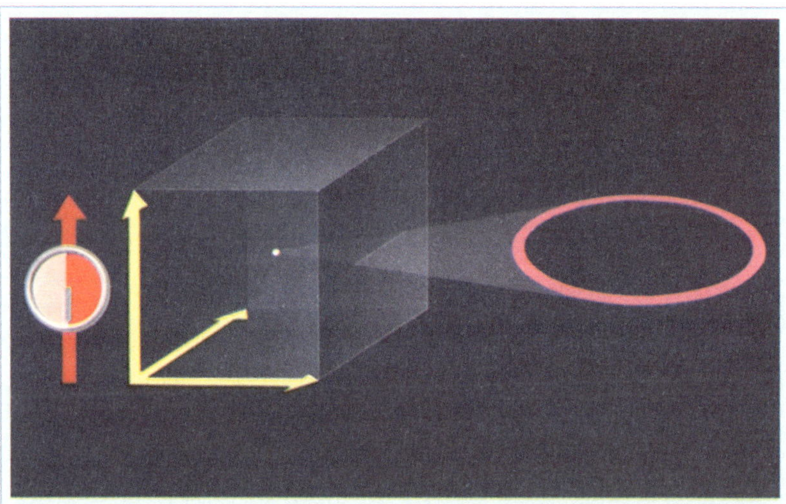

🔴 **5차원 시공 이론**—가늘고 긴 물건은 크기를 알아볼 수 없을 만큼 먼 곳에서 보면 1차원의 선으로 보이지만 실제로는 2차원의 표면을 가진다. 마찬가지로 시공의 한 점이 고리가 된 1차원의 선이라고 생각한다면 이 세계는 4차원이 아니라 5차원이 된다. 이 이론을 '칼 튜어클라인 이론'이라 한다.

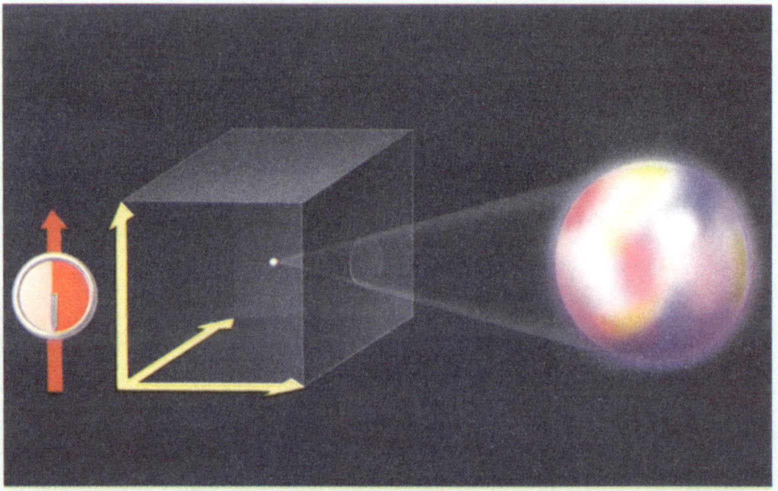

🔴 **10차원 시공의 초조건 이론**—5차원 이론을 더 발전시켜서 공간의 한 점에 6차원을 닫힌 공간이 들어 있다고 생각하는 이론이 있다. 이 6차원을 더하면 세계는 10차원 시공이 된다. 6차원 공간은 공간의 한 점에 초마이크로 사이즈로 줄어들어 있다. 이것을 '공간의 콤팩트화'라 한다.

거승이가 된 채로 이 세계로 되돌아온다.

우주 공간은 실제에도 보통의 평면이 아니라 비뚤어진 공간이란 것은 앞에서도 말했다. 그렇다면 다음과 같은 일이 일어나지 않는다고 단언할 수는 없는 것이다.

어느 날 아침 학교에 늦을까 싶어 계단을 재빨리 뛰어내려갔더니 돌연 몸이 떠오르는 느낌이 들고, 다음 순간 당신은 보지도 못한 넓다란 대초원의 복판에 서 있는 것이다.

"도대체 어찌 된 셈일까? 나는 지금 어디에 있는 것일까?"

당신은 깜짝 놀라서 몸을 떨 것이다. 그 때 가까이 있는 언덕에서 고릴라와 같은 원시인 12~13명이 막대를 휘두르면서 기묘한 소리와 함께 습격해 왔다.

당신은 허둥지둥 책가방을 떨어뜨리고 달아났다. 그 순간 날아온 막대가 등에 명중하여 넘어졌다. 정신을 차려 보니 본래의 계단에 서 있었다.

"이것은 도대체 어떻게 된 것일까?"

당신은 무엇이 무엇인지 모르고서 생각에 사로잡힐 것이다. 꿈이라도 꾼 것일까? 그러나 그 때 당신은 책가방을 들고 있지 않은 것에 생각이 미칠 것이다.

"아아, 책가방은 어디로 갔을까?"

당신은 계단을 다시 1, 2층 내려왔다. 그리고 또 원시 시대로 되돌아와 있었다. 조금 떨어진 곳에 책가방이 떨어져 있었다. 그것을 원시인들이 둘러싸고 알아들은 수 없는 이상한 말로 지껄이고 있었다.

당신은 무턱대고 원시인을 제치고 책가방을 주우러 달려갔다. 원시인들은 화가 나서 미친 듯이 달려온다. 다시 막대기가 등을 쳤을 때 원래의 계단으로 되돌아왔음을 알게 되었다.

"정말 큰일났어. 이대로는 집으로 가지 못할 터인데 어찌하면 좋을까?"

이 때 가까이 있던 불량 학생이 달려와서

"야아, 이상한 것을 가지고 있구나! 한 번 보여 줘."

하면서 손을 내밀었다. 이 때 당신은 그 원시인의 막대를 가지고 있었고, 넘겨 줄 수는 없다고 머리를 저었다.

"귀찮구나, 빨리 주렴."

불량 학생들은 계단을 올라와서 뒤로 감추어 놓은 막대기를 빼앗아 버린다.

그 순간, 불량 학생의 몸이 앞으로 튀어 나온다. 그리고 막대기는 끝에서부터 사라져 간다. 불량 학생은 이 막대기를 놓치지 않으려고 힘껏 잡아당긴다. 그러나 불량 학생은 그 막대기에 끌려 들어간다.

“야아, 좀 살려 줘!”

불량 학생은 비명과 함께 사라져 버렸다. 당신은 깜짝 놀라서 계단을 올라갔다. 그러나 이번에는 아무것도 일어나지 않았다.

어쨌든 차원의 뚫어진 틈이 방금 일어난 사건과 함께 닫혀져 버린 모양이다. 물론 당신은 이 사건의 진상은 모른다. 그러나 이 사건의 원인은 먼 우주의 저쪽에 있었다.

어느 슈퍼 우주인의 건설 회사가 대규모 토목 공사를 하고 있었다. 그런데 조그마한 설계 착오가 있어서 그 때문에 우주 공간에 비뚤어짐이 생기고 마침 당신이 디딘 계단에 틈이 벌어진 곳이 생긴 것이다. 당신이 원시 시대로 날려간 것도 물론 그 때문이었다. 그러나 그 허물어짐을 알게 된 슈퍼 우주

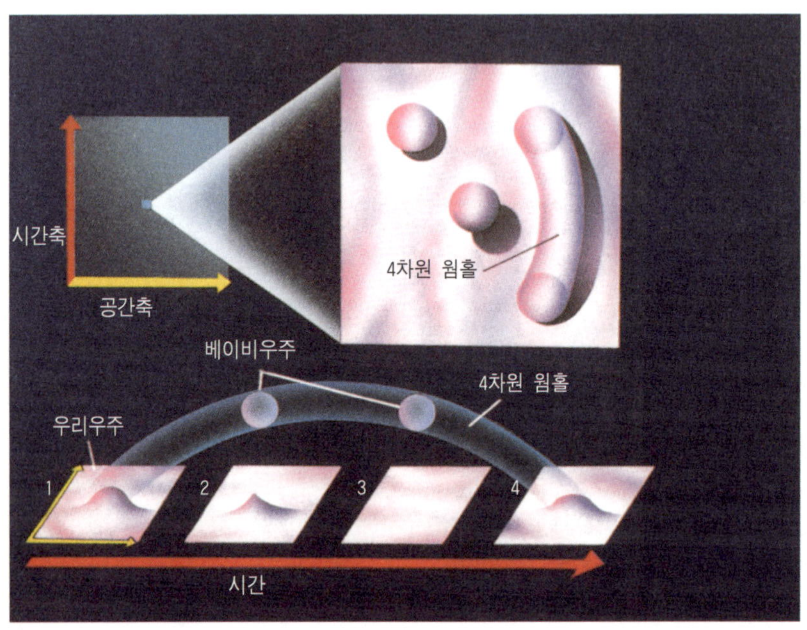

🔻 4차원 웜홀과 베이비우주—우리의 시공을 소립자보다 작은 기준으로 보면, 시공은 흔들리고 있다고 생각된다.

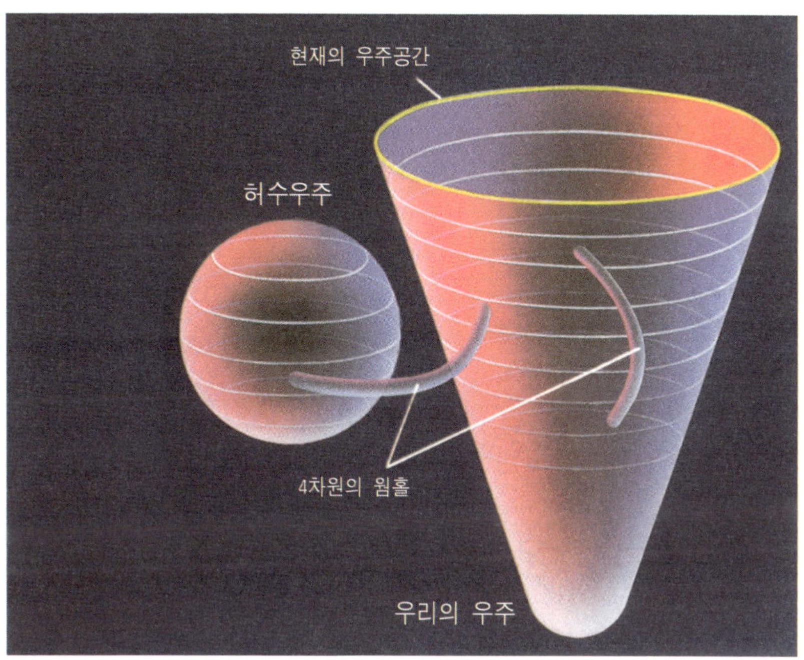

🔶 우주 공간과 4차원의 웜홀

인의 건설 회사 토목 기사가 비뚤어짐을 고치고 허물어짐을
보완시켰으므로 차원의 뚫어진 틈은 깨끗이 없어졌다. 그리고
마침 그 때 본래 원시 시대의 것인 막대기를 무리하게 자기
것으로 만들려고 한 불량 학생은 원시 시대로 끌려가 버렸다
고 하는 것이다.

● 차원을 넘어서

이 최후의 예에서는 2차원의 세계에서의 전위와 시간 사이
의 전위가 동시에 나온다.

실제에는 시간과 차원과의 사이에는 끊어도 끊지 못할 매우
밀접한 관계가 있다. 하지만 이것에 대해서는 다음에 자세히

설명하겠으며, 여기서는 4차원의 공간뿐만 아니라 독립된 다른 3차원의 세계가 공존하는 다른 2차원 세계가 있을지도 모를 이야기를 하겠다.

우리들은 지금까지 우리들이 눈으로 보고 귀로 듣고 손으로 만질 수 있는 세계에서, 보지도 듣지도 만질 수도 없는 차원의

🔴 일반 상대성 이론과 양자력학은 우리의 우주, 4차원 시공에서 불가사의한 현상이 일어날 가능성을 명백히 밝혔다. 현재 두 가지 이론의 통일이 시도되고 있다.

뚫어진 틈이 있고, 거기로부터 끝없는 무의 공간이 넓혀져 있지 않은가를 생각해 보았다.

그러나 그뿐인가? 때에 따라서는 넷째의 차원은 없고, 또 하나의 다른 세계가 있지 않은가?

즉 이 세계는 단지 하나의 절대 세계가 아니라, 사실과는

완성되는 날에는 블랙홀이나 웜홀보다 더 신기한 시공의 모습이 밝혀질 것이다.

다른 또 하나의 별개의 세계인 다른 차원의 세계가 꼭 존재하고 있지 않을까?

물론 이 세계에 살고 있는 우리들은, 마치 3차원 세계에 살고 있는 인간에겐 4차원의 공간이 어디에 있는가를 전혀 모르는 것처럼, 그러한 차원의 세계에 대한 것은 전혀 모르고 있으며 또 알 수 있는 방법도 없다.

그러나 이것 또한 4차원 공간이 3차원 공간 바로 옆에 있으며, 거기에서 멀리 이어져 있는 것과 같이 다른 차원의 세계도 바로 옆에 있고 저 멀리로 넓혀져 있을지도 모른다. 그러나 보통 우리들은 그것을 조금도 모른다.

이를테면 당신이 어느 날 학교에서 집으로 돌아오는 길이 문득 보통 때와는 다른 길이라는 것을 알게 된다. 그러나 그대로 성큼성큼 걸어갔을 때 저쪽에서 한 사람의 소년이 걸어왔다. 물론 당신은 전연 알지 못하는 소년이었다. 그러나 친근한 사이인 것처럼 말을 건넨다.

"야아, 전번 소프트볼의 시합은 훌륭한 승리였지?"

당신은 한편 놀라겠지만 상대방이 사람을 잘못 보고서 말했을 것이라고 느낄 것이다.

"미안하지만 나는 너를 알지 못한다. 사람을 잘못 본 것 아니야?"

이번에는 상대가 매우 놀란 얼굴을 한다.

"허허, 정신을 차려라. 나는 친구가 아닌가?"

그 순간 '아니, 어쩌면 나는 기억 상실증에 걸린 게 아닐까?' 하는 생각이 든다.

이렇게 생각할 때는 오싹해진다. 그리고는 옆눈도 팔지 않고서 본래 온 길로 되돌아간다. 당신은 달리면서 걱정을 한다.

　만일 진짜로 기억 상실증에 걸렸다고 하면 집으로 돌아가는 길을 잊어버린 것이 아닐까 하고 말이다. 그러나 그러는 동안에 당신은 평소의 길을 발견하고 마침내 집도 찾게 된다.

　문을 열고서 당신은 다시 걱정이 된다. 집에 들어가서 어머니의 얼굴을 보아도 생각해 낼 수 없을 것이라고 생각한 것이다.

　"다녀왔어요."

하고서 고함을 친다.

　이 때 기억에 남아 있는 상냥한 어머니의 얼굴을 쳐다보고서 안심한다. 그리고 평소 때와 같이 "잘 다녀왔니?" 하면서 반갑게 맞이할 것이라고 생각하고서 이층의 계단을 올라가려고 할 때,

　"아니, 당신은 누구요?"

하면서 어머니는 얼굴을 찌푸렸다. 어머니의 태도가 평소와 달리 이상했다.

　"무어라고요? 나요, 나를 잊어버렸어요?"

　당신은 화가 나서 큰 소리로 고함을 친다. 그러나 어머니는 더욱 사나운 눈초리를 하고서

　"정말 이상한 사람이야! 내 아들과 많이 닮았구려. 내 아들은 벌써 돌아와서 지금 공부에 열중이에요."

라고 한다.

　여기서 우리가 유의할 것은 당신은 그 굽어진 길을 돌 때, 그리고 바람이 뺨을 스쳐갈 때, 차원의 도랑을 넘고 다른 차원의 세계로 끌려 들어간 것이다. 이 이차원 세계는 아들이 살고 있는 세계와 꼭 같지만 조금 달라져 있다.

　모르는 사람에게 말을 거는 것이나, 어머니가 당신의 얼굴을 보고서 새파랗게 질리는 것도 그 때문인 것이다.

● 다차원 우주

일종의 SF이지만 이러한 일이 실제로 당신에게서 일어난다면 얼마나 놀랄 것인가?

그 뒤에 아들은 어떻게 살아가야 되겠는가? 집도 있고 어머니도 있지만 그것은 이차원(異次元) 세계의 집이고, 이차원 세계의 어머니이기 때문에 아들과는 아무런 관계가 없으니 말이다.

이차원 세계가 만일 있다고 하면 이러한 일이 일어나지 않는다고 단언할 수 없는 것이다.

더욱이 잘못하면 이러한 이차원 세계는 어떤 한 종류에 국한되지 않는다. 실제로 이 우주라는 것은 이러한 세계가 2중, 3중, 무한으로 이어져 있고, 서로 부딪치거나 헝클어지거나

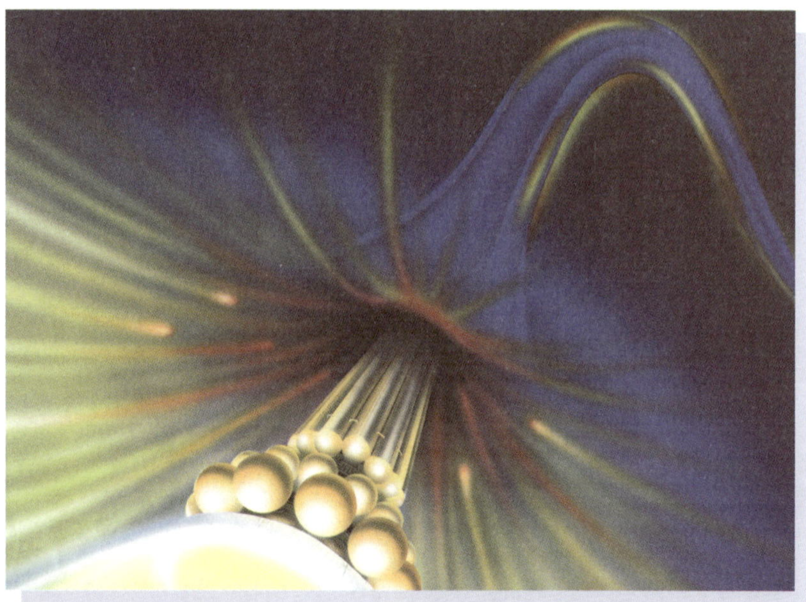

🔺 블랙홀과 화이트홀을 통과하는 웜홀은 한 순간에 통과할 수 있으므로 멀리 떨어진 공간으로 순간 이동이 가능해진다.

● **4차원의 시공의 세계**—아인슈타인이 그 수수께끼 실마리를 찾았고, 호킹 등에 의해 시공의 문은 조금씩 닫혀져 왔다. 시공의 수수께끼가 모두 해명되었을 때 물리학이 말하는 4차원 시공의 세계로 안내될 것이다.

하지도 않고 존재하고 있다.

실제로 역학에서는 4차원뿐만 아니라 6차원이라든가 9차원이라든가 12차원이라고 하는 다차원 공간의 사고 방식을 이용하여 여러 가지 현상을 기록하는 일이 가끔 있다.

또 수학이나 이론 물리학에서는 무한 차원 공간이라는 사고 방식도 곧잘 한다. 그러한 사고 방식을 끌어들이면, 이 세계는 무한의 이차원 세계가 겹쳐진 것이며, 거기에는 모든 일이 일어나고 있을 것이라고 생각하는 일도 결코 할 수 없는 일인 것이다.

그러므로 지금 내가 이차원의 세계에서는 이 책의 원고를 이렇게 해서 열심히 쓰고 있다. 나에게 있어서는 이것이 단

하나의 절대적인 현실이다.

　그러나 또 하나의 다른 차원의 세계에서는 나는 소설가로서 공상 과학 소설을 쓰고 있는지도 모를 일이고, 또 다른 이차 원의 세계에서는 내일 전기 의자에 앉을 사형수로서 지금 유 언을 쓰고 있을지도 모를 일이다.

　미국의 SF 작가 프레드릭 브라운이 이러한 다차원 우주를 소설로 쓴 훌륭하고도 재미나는 SF가 있다.

　이 SF의 주인공 윈턴은 어떤 출판사의 SF 잡지의 편집장 이다. 그러나 사장과 서로 의견이 맞지 않아 생각대로 되지 않으므로, 곧잘 ‘아아, 내가 사장이었다면.’ 하고 생각하였다. 그러나 물론 엉뚱한 상상이었다.

　그에게는 또 하나의 희망이 있었다. 그것은 같은 회사에

근무하고 있는 미인 사원인 베티와 결혼하는 일이다. 그러나 경쟁 상대가 많아 이것 역시 무리한 것이었다.

그러던 어느 날 우주 로켓의 발사를 견학하러 간 윈턴은 사고를 일으킨 로켓 폭발에 휩쓸려 공중으로 날려 버린다. 그런데 보통 때라면 산산조각이 나서 즉사해 버릴 일이나 폭발의 쇼크가 차원이 뚫어진 틈을 만들어, 그는 이차원의 세계로 날려 버린다.

그 세계는 마치 윈턴이 만들고 있던 SF 잡지에 실려 있는 소설과 같은 과학·기술이 발달한 미래의 세계였다. 그리고 지구는 우주로부터 침입한 아크트울스 성인과 우주 전쟁이 한창 벌어지고 있었다

윈턴은 갑자기 별세계로 날아가 버렸기 때문에 여러 가지 실수를 일으켜 아크트울스 성인의 스파이라고 오해를 받게 된다.

무엇보다 아크트울스 성인은 그 정체가 곤충과 공룡의 중간 형태인 무서운 괴수의 모습을 하고 있었으며, 여러 가지로 자유로이 바꾸어질 수 있는 변신 능력을 가진 슈퍼 생물이었다.

윈턴은 이 별세계에서 매우 혼이 났다. 몇 번이나 살해되었지만 그 때마다 되살아났다.

모처럼 생명을 건지고, 별세계로 살아 남았다고 생각했을 때 최저의 세계로 떨어져 버렸으니, 나는 운이 매우 좋지 못한 사나이다. 이럴 바에는 본래의 세계 쪽이 훨씬 좋았다 생각하며

어떻게 해서든지 본디의 세계로 되돌아가려고 닥치는 대로 노력해 보았지만 이루어지지 않는다.

그 동안 마침내 아크트울스 성인의 대우주 함대가 지구를 향하여 총공격을 해 온다. 전황은 지구 쪽이 매우 불리하다. 이 전쟁에 지면 지구는 아크트울스 성인에 점령되어, 지구의 인간은 모두 다 살해되고 만다.

이것을 막는 방법은 단 하나밖에 없다. 대단한 폭발력을 가진 폭탄을 장치한 우주선을 조종하여 적의 우주 함대의 기함을 직접 폭파하는 일이다. 그렇게 하면 물론 그 파일럿은 살아 남을 수가 없다. 즉 우주의 특별 공격대이다.

그 때 윈턴은 문득 생각한다.

'나는 우주 로켓의 폭발로 인해서 이 우주로 날려왔다. 사건에 따라서는 다시 한 번 대폭발에 휩쓸려 들어가면 그 쇼크로 본디의 세계로 되돌아가게 되는지도 모를 일이다. 물론 반드시 되돌아가게 된다는 보증은 없다. 그러나 이대로는 살아간다고 해도 달갑지 않은 일이므로 한 번 해 보는 것도 나쁘지 않을 것이다.'

이렇게 생각한 윈턴은 지원하여 특공 우주선의 파일럿에 채용된다. 이렇게 해서 마침내 윈턴이 조종하는 특공 우주선은 적의 강한 광선포의 일체 사격을 뚫고서 돌진하여 마침내 적 기함에 직접 부딪혔다.

'단번에 일어나는 대폭발로 기함과 특공 우주선이 순식간에 가루로 되어 흩어졌다'.라고 생각했을 때 윈턴은 앗! 하고서 의식이 깨어났다. 그는 다시 본디의 지구 위에 있었던 것이다.

"만세! 그리운 지구여!"

윈턴은 재빨리 자기 출판사로 되돌아왔다. 모든 것은 본디

대로였다. 그러나 출판사 앞에 섰을 때 그는 깜짝 놀랐다.

그 출판사의 간판에 ‘윈턴 출판사’라고 하는 글자가 써 있었다. 어찌된 일인지 자기가 출판사의 사장으로 되어 있는 다른 하나의 세계로 날려온 것이다.

놀라서 멍청하게 서 있는 그의 눈앞에 그 미인 사원 베티가 다가왔다. 그리고 가까이 와서 껴안고 키스를 하고서 말했다.

“우주 로켓의 발사는 대성공이었어요, 여보.”

이 세계에서 베티는 이미 그의 아내로 되어 있었던 것이다. 이처럼 모든 것이 잘 이루어지는 이차원 세계라면 여러분도 한 번 살아 보고 싶지 않겠는가?

4

어긋난 시간

우주는 시 · 공간의 4차원 연속체

● 네 번째의 차원 ― 시간

앞에서는 계단에 차원의 틈이 생긴 에스 에프(SF)의 곳에서 시간 전위의 이야기를 하였다. 그리고 실제로 시간과 차원과는 끊어도 끊지 못할 관계가 있다고 써 놓았다. 여기서는 그런 것을 생각하면서 진행해 보았다.

그런데 4차원이라는 것이 무엇인가를 생각했을 때, 우리들은 하나의 중대한 것을 일부러 제외시키고 있었다. '시간'이란 것이다.

이 세상에 있는 모든 것은 시간이라고 하는 것이 없이는 존재하지 않는다. 확실히 1차원 · 2차원 · 3차원 ― 직선이나 평면이나 입체나 모두 다 시간과 관계없이 독립해서 존재하는 것처럼 보인다. 그러나 그것은 어디까지나 머릿속에서뿐인 것이다.

이를테면 지구에서 화성에 직선을 긋는 일에 대해서 생각해 보자. 머릿속에서는 그을 수 있으나 절대 불가능한 것이다. 왜 불가능한가 하면 지구나 화성은 언제나 공전 운동을 하고 있고, 잠시도 어느 우주 공간에 멈추어 있지 않기 때문이다.

즉 직선도 실제로는 시간이란 것을 무시하고서는 그을 수 없다. 그리고 직선을 그을 수 없으면 평면도 입체도 이룰 수 없다. 그 까닭은 공간이라고 하는 것은 언제나 함께 생각하지 않으면 안 되기 때문이다.

대개의 천체는 빛으로도 몇 년 또는 몇천만 년이나 걸릴 정도로 멀리 있다. 어떤 것은 몇억 년, 몇십억 년의 먼 곳에 위치한 천체도 있다. 그러므로 지금 우리들이 밤에 보는 여러 별들의 빛은 거의 다 다른 시대에 들어온 빛이다.

어떤 것은 수십 년 전의 빛이 지금 우리들의 눈에 도달한 것이며, 또 어떤 것은 수십만 년 전의 빛이 지금 막 도달한 것이다.

즉 밤하늘에 비치는 무수한 별들은 각각 자기의 시계를 걸어 놓고 있는 것이라고 해도 좋을 것이다. 따라서, 시간을

🔺 블랙홀과 화이트홀을 통과하는 웜홀과, 고속 운동으로 시간을 지연시키는 '섬 효과'를 잘 이용하면 과거로의 시간 여행도 가능해질지 모른다.

생각에 넣지 않은 공간이란 것은 넌센스라고 할 수밖에 없다. 그러므로 공간은 시간과 조합하여 비로소 완전한 모습을 나타내는 것이다.

공간과 시간과는 본래 끊을 수 없는 연속되어 있는 것이다. 그렇다면 시간은 공간과 같이 우주를 이루는 하나의 차원이라고 생각해도 좋을 것이다. 공간의 1차원, 2차원, 3차원에 있는 네 번째의 차원이라고 생각해서 무슨 불합리란 것이 있을 수 없다.

이 우주는 3차원의 공간과 4차원째의 시간과를 조합시킨 것 다시 말하면, 시간·공간의 4차원 연속체라고 생각하고 있는 것이다. 이것이 아인슈타인이라든가 민코프스키 등의 학자들이 생각한 새로운 우주의 모습이다.

● 시간 속을 움직인다

그런데 SF의 아버지라고 말하는 웰즈는 다음과 같이 생각했다.

"우리들은 공간의 3차원 방향으로는 모두 자유로이 움직일 수 있다. 그렇다면 네 번째의 차원인 시간 속을 움직이는 방법이 발견되지 않을 리 없다."

웰즈는 그 방법을 마침내 '발견'했다. 그것은 물체를 매우 빠른 속도로 회전시키는 것이었다. 그리고 그 속도가 빛의 속도보다 빨라졌을 때 물체는 보통 시간의 흐름에서 벗어나 미래로 들어가거나 과거로 가거나 한다.

이렇게 해서 '발명'된 것이 타임머신(시간 여행기)이다. 그는 그의 명작 '타임머신' 속에서 그러한 시간 여행기에 탄

타임트래블(시간 여행자)이 80만 년 후, 다시 3천만 년 후의
지구와 인류의 운명을 보러 간다는 이야기를 썼다.
　이와 같이 시간 속을 자유로이 왕래해 보고 싶다는 소원을
품게 된 것은 웰즈가 시작한 것이 아니다. 그것은 말하자면
인류가 먼 옛날부터 가졌던 꿈이었다.

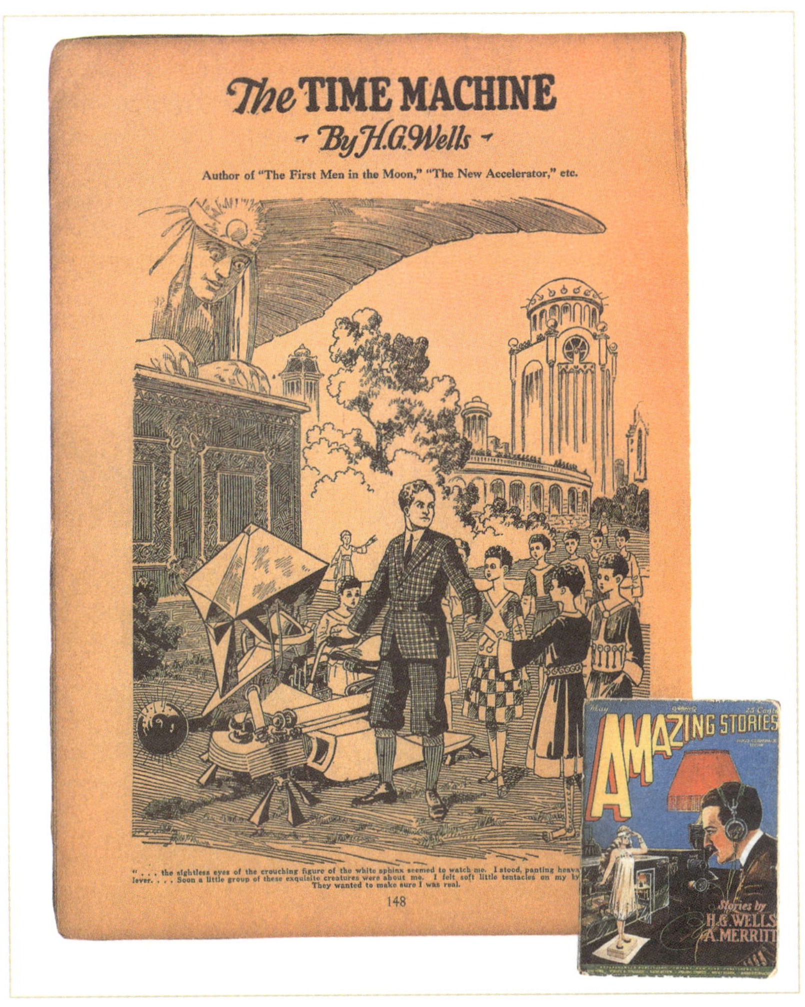

● 미국의 SF 잡지 〈어메이징 스토리〉 1927년 5월호에 기재된 웰즈의 〈시간여행〉 소설.
주인공은 사진처럼 타임머신을 타고 80만 2701년의 미래를 여행했다.

미래의 일을 알고 싶다고 하는 마음은, 예언이라든가 점을 통해 똑똑히 표현되고 있다. 그리고 과거의 일을 알아보려는 소원은 마법이라든가, 사자 나라에의 여행이라는 것에 담겨져 있다.

웰즈의 시간 여행의 아이디어는 그러한 먼 옛날의 인간의 소원을 과학적으로 실현시켜 보려는 것이었다.

그것은 어떻든지 간에 만일 이렇게 해서 우리가 시간의 흐름 밖으로 뛰어나와 과거나 미래로 이동할 수 있다고 하면 어떤 일이 일어날 것인가를 생각해 보자.

앞에서 설명한 금고에 대한 이야기를 생각해 보자.

3차원의 세계에서는 자물쇠로 잠그어 놓은 금고 속의 것을 끄집어 내는 데는 맞는 열쇠를 사용하거나 드릴로 구멍을 뚫거나 하지 않으면 안 된다.

그리고 3차원 세계에서 살고 있는 우리들은 4차원째의 방향이 가령 있다고 해도 그것을 본다거나 그 방향으로 손을 넣을 수 없다.

그러나 만일 그 4차원이 시간이고, 그 시간 속을 이동하는 능력을 가진 인간이 있다면 어떻게 되겠는가?

인간의 감각에는 한계가 있으므로 몇천 분의 1초라고 하는 짧은 시간에 일어난 것을 보거나 느끼거나 할 수는 없다.

거기에 많은 사람이 있었다고 해도 초시간 능력자의 존재를 알 수는 없다. 그러므로 금고 속의 물건을 잃어버린 일은 전연 알지 못하고 속에 물건이 있을 것이라고 생각하여 금고를 닫아 버린다. 그리고 뒤에 가서 속의 물건이 없어졌다는 것을 알고서 소동을 벌일 것이라고 하는 것이다.

단단히 문을 닫아 놓은 집에 출입하는 것도 대개 같은 방법으로 한다.

　초시간 능력자는 그 집이 세워지기 전이나 집이 없어져 버린 뒤에 집이 있는 위치에 서서 계속 시간을 현재로 되돌리는 것이다. 그렇게 하면 창문이나 출입문을 열지 않고서도 집안에 들어갈 수 있게 되는 것이다.

　미래를 예언하는 일이나 투시나 텔레키네시스와 같은 초능력도 모두 다 해결할 수 있게 된다.

　미래의 일은 시간 이동으로 미래까지 가 보고서 되돌아오면 되는 것이므로 실로 간단한 문제인 것이다.

　투시 역시 문제가 없다. 이를테면 여러분이 가지고 있는 지폐의 번호는 시간을 조금씩 어긋나게 하여 가 보고서 번호를 알아 놓아도 되고, 손에 넣기 전에 보고 외어 놓아도 된다.

⬤ 우주에 존재할지도 모르는 웜홀이나 우주의 끈을 이용하면, 과거로의 시간 여행이 가능할까?

하여간 시간 속을 자유로이 움직여 돌 수 있기 때문에 시간이 얼마만큼 걸려도 현재로 되돌아오면 시간은 조금도 지나지 않은 것이 되므로 편리하다. 텔레키네시스도 마찬가지다.

자동차를 몇천 킬로미터라도 이동시키려고 하면 그 조금 전이나 뒤에 자동차를 무슨 방법으로든 트럭에 쌓았다고 해도 열차의 화물에 실어도 좋은 것이다. 그 장소에 운반해 놓고서 다시 시간을 본래의 시각이나 약간 어긋난 시간까지 되돌려 주면 자동차에 타고 있는 사람은 자기가 전연 느끼지 못하는 사이에 먼 곳으로 운반된 것과 같은 느낌이 들 것이라는 것이다.

요컨데 만일 시간 이동이란 것이 된다면 차원 이동과 꼭 같은 일이 될 수 있는 것이다.

또 차원 이동이라고 생각했던 것이 사실은 이러한 시간 이동인지도 모를 일이다.

● 시간 여행은 차원 여행

그런데 웰즈 이후 많은 SF 작가가 시간 여행 SF를 써서 갖가지의 시간의 여행 방법이나 타임머신을 생각해 왔다. 그러나 타임머신이 넷째 번의 차원인 시간을 무슨 방법으로 제어하여, 보통 시간의 흐름 밖으로 뛰어나와 자유로이 움직여 돈다고 하는 점으로는 웰즈의 생각과 다를 바 없다.

그러나 그 동안 SF 작가들은 이상한 것을 느끼게 되었다. 시간 여행에는 어떻게 해도 이치에 맞지 않는 것이 생기는 법이다.

가령, 타임머신을 타고서 미래로 갈 때에는 그저 좋을 것이다. 미래는 지금부터 여러 가지의 일이 생길 것이므로 타임

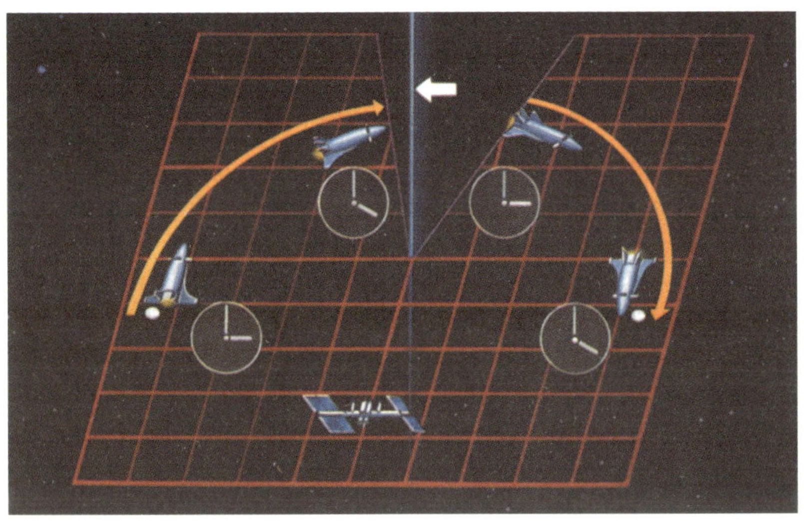

🔺 1991년 미국 프린스턴 대학의 리차드 코트 박사가 우주의 존을 이용한 시간여행 논문을 발표했다.

머신이 가도 불편은 없다. 그러나 되돌아오는 일이 문제이다. 되돌아 오는 일은 과거로 되돌아오는 일이 된다. 그러나 그 과거에는 타임머신이 미래로부터 되돌아 왔다고 하는 사실은 없다.

과거에 그러한 사실이 없는데도 거기서 타임머신을 타고서 되돌아온다는 것은 이치에 맞지 않은 이야기이다.

만일 이치에 꼭 맞도록 하려면 타임머신은 가기 전에 되돌아 온다고 하는 기묘한 일도 성립되지 않으면 안 된다는 것이다.

이렇게 생각해 보면 미래 역시 전연 불합리한 점이 없다고 말할 수 없게 된다. 미래는 무엇이 일어날지도 모르기 때문에 미래인 것이다.

그러나 시간 여행을 하여 어느 미래에 간다고 하는 일은 모르고 있을 미래, 또 아무것도 정해져 있지 않은 미래가 이미 결정되고 있다고 하는 이상한 것으로 된다.

물론 큰 역사의 흐름은 어느 정도 정해져 있다고 해도 좋을 것이다. 과학 기술의 진보 등도 충분한 데이터만 있으면 비교적 짧은 시간의 일이라면 어느 정도 정확한 예측을 할 수 있다. 그러나 그것도 정도의 문제이다. 몇 년 몇 월 며칠의 몇 시쯤에 여차여차한 일이 일어난다고 하는 예측은 할 수 없다.

옛날에는 이 우주의 일이 우주의 시작부터 이미 모두 다 완전히 정해져 있어서, 어느 때 무슨 일이 생길 것인지 모조리 결정되어 있는 것이라고 생각하는 이들도 있었다.

이 우주에서 일어나는 현상은 모두 다 분자의 운동으로부터 생긴다. 그리고 분자의 운동에는 모두 다 일정한 법칙이 있다. 따라서 그 법칙만 알고 있으면 어떤 과거 일도, 또는 어떤 미래의 일도 차례를 따라서 살펴본다고 하면 자세한 일까지

원자, 분자, 지구, 달, 태양, 별, 은하는 훌륭하게도 통일성이 있는 운동을 계속하고 있다.

모두 다 알 수 있다고 하는 것이다.

뉴턴이나 맥스웰이라고 하는 대물리학자도 모두 다 이러한 사고 방식을 가지고 있었다.

그러나 그 뒤에 지금부터 50년쯤 전에 하이덴베르크라고 하는 젊은 물리학자가 여태까지의 사고 방식을 완전히 뒤집어 놓을 만한 새 학설을 수립했다.

그 새 학설이라는 것은, 간단히 말하면 미크론(극소)의 세계에서는 절대로 확실한 운동은 없고, 모든 현상은 오히려 '불합리의 원리'에 의해 지배되고 있다는 것이다.

이것은 당시 매우 혁명적인 주장이었다. 만일 이것이 보통의 자연계에 통용된다고 하면, 물리학의 법칙 따위는 전연 성립되지 않게 된다.

🔻 **원자 안의 파라렐 월드**—원자 안의 전자는 어느 한 곳에 존재하는 것이 아니다. 여러 장소에 있는 확률로 동시에 존재하고 있다. 원자핵과 전자를 태양과 지구로 바꿔 보면 태양의 주위로 무한개의 지구가 동시에 존재하게 된다.

그러나 실제로는, 물리 법칙은 고스란히 통용되고 있다. 그것은 당연히 '불합리의 원리'라고 하는 것은 모든 것이 확실치 않다고 하는 것을 말하고 있는 것이 아니다.

이를테면 원자 속의 입자 운동을 살펴보면, 원자 전체로 해서 보는 한 입자의 동작은 명확한 법칙에 따르고 있다. 그러나 입자의 하나하나가 정확히 어떠한 동작을 하는가는 모른다는 것이다.

다른 말로 바꾸어 설명하면 우리 나라 사람의 수명은 70살이지만 나는 45살로 죽을는지도 모르며, 또 75살까지 살아갈 수 있을지도 모른다. 다른 사람의 경우도 마찬가지이다. 그러나 우리 나라 사람의 전체를 평균해 보면 대개 70살에서 죽는다는 것은 확실하다는 것과 같은 것이다.

하이덴베르크는 이러한 생각으로부터 우주에 일어나는 현상은 전체로는 법칙에 따르고 있지마는 하나하나의 현상을 정확히 예측하는 것은 절대 불가능이라고 하는 이론을 유도해 낸 것이다.

즉 미래가 지금에서 꼭 정해져 있다고 하는 것은 없다는 것이다. 이럴 때는 시간 여행은 어떻든지 간에 불가능이라는 것이 된다.

그런데 여기에 그러한 어려운 문제를 한꺼번에 해결해 버릴 만한 사고 방식이 단 하나 있다. 그것은 시간 여행은 사실은 차원 여행이라고 생각하는 일이다.

타임머신에 탄 시간 여행자가 시동 스위치를 누른 순간, 그는 지금까지 자기가 있던 세계와는 다른 별차원의 세계를 향해서 출발하는 것과 같다고 생각하는 것이다.

그렇게 하면 도착했을 무렵에 자기가 지금까지 있었던 세계가 아니기 때문에 과거에 타임머신이 붙었다고 하는 사실이 있어도 이상하게 된다. 그 세계에서는 꼭 그 과거에 타임머신이 출현하고 있기 때문이다.

또 그 곳이 미래로 되어 있다고 해도 마찬가지다. 그 미래는 자기가 출발한 세계의 미래가 아니기 때문에 타임머신이 나타나도 그것이 과거에 정해져 있었다는 것은 성립되지 않는다.

무엇인가 알 것 같기도 하고 또 모를 것 같기도 하겠지만 하여간 시간 여행인 동시에 차원 여행이라고 생각하면 처음에 말한 것처럼 이치에 맞지 않는 부분이 해결된다는 것만은 틀림없는 사실이다.

● 새로운 물리학의 출현

"시간 여행이라는 것은 결국 하나의 공상에 지나지 않는 것이다. 시간은 언제나 과거에서 현재로, 그리고 미래로, 일방 통행으로 흘러가는 것이다. 아인슈타인도 상대성 원리에서 말하고 있다. 그것은 현대 물리학의 진리인 것이다."
당신은 그렇게 말할는지 모를 일이다. 그리고 다시
"그것이 SF이면 몰라도 현실에서는 사건마다 '인과율'에 따라서 모든 것이 움직이고 있다. 원인이 있어서 결과를 낳고, 그것이 또한 원인으로 되어 결과를 낳는 형태로 나아가는 것이다. 만일 시간 여행을 할 수 있다면 인과율까지 이상하게 되어 버린다. 그러므로 그러한 일은 할 수 없는 것이다."
사실은 나도 그와 똑같이 생각한다.

현실적으로 시간 여행을 해 온 사람은 있지도 않고, 시간 여행이 일어나고 있다는 증거를 본 일도 없다. 또 인과율이 뒤엎어진 것과 같은 ─ 결과 쪽이 원인보다 먼저 있다고 하는 ─ 이상한 일도 맞이한 일이 없다. 그러므로 보통은 정말로 그럴 것이라고 생각되는 것이다.

그러나 그렇다고 해서 특별한 경우는 전혀 생각할 수 없는 것일까? 그리고 그러한 특별한 경우를 나타내게 할 사실은 전혀 없는 것일까?

최근 미국의 콜럼비아 대학에서는, 발티라고 하는 물리학자를 중심으로 한 학자들이 거대한 소립자 가속 장치라고 하는

● 알버트 아인슈타인 ─ 그의 일반 상대성 이론은 블랙홀의 존재를 예언했다.

기계 장치를 사용하여 빛보다 빠르게 운동하는 초광속 입자를 발견하기 위해 실험을 되풀이하고 있다.

이 소립자 가속 장치라고 하는 것은, 양자·전자 등의 입자를 전자석의 힘으로 차츰 속도를 가해서 최후에는 원자핵에 부딪혀 입자 내부의 구조의 수수께끼를 해명하려는 실험 장치로서, 실제로 지금까지의 핵물리학의 진보에 매우 큰 역할을 이루고 있는 기계 장치이다.

1930년대에 만들기 시작했는데 그 후 40년 동안에 그 힘은 몇 100배로 되어 더욱 큰 장치가 만들어졌다.

최근까지는 미국의 웨스턴에 있는 양자 싱크트론이라고 하는 것이 3천억 전자 볼트로서 세계 최대였으나, 지금 러시아에서 계획되고 있는 것은 무려 50조~140조 전자 볼트라고 하는 자리수가 다를 정도의 큰 것이다.

그리고 러시아에서도 이 장치로 빛보다 빠른 입자가 존재하는 것을 증명하려 하고 있다. 빛보다 빠른 입자라고 하는 것은 실제로 넌센스로 보인다. 그러나 그 넌센스의 입자가 만일 발견된다고 하면 어떻게 되겠는가? 그 결과는 미래에서 과거로 향하여 나아가는 입자로 되어 버릴 것이다.

시간은 과거로부터 현재를 떠나서 미래로 나아가는 일방적인 것이다. 그러면 이 시간의 흐름이 어긋나거나 역류한다는 것이다.

인과율도 당연히 어긋나 버린다.

이 우주를 만들고 있는 것은 양자라든가 중성자·광자와 같은 소립자의 모임이다. 이러한 소립자는 모두 다 시간의 흐름에 따르고 있다. 그러므로 과거에 일어난 일(원인)에 영향되어 현재와 같이 되고(결과), 그것이 다시 원인으로 되어 미래의 결과를 낳는 인과율이 성립되고 있다.

그런데 이러한 보통의 소립자 속에 빛보다 빠른 입자라고 하는 이물이 섞여 들어오면 이 인과율도 당연히 흔들리게 될 것이다.

그러면 앞에서 말한 바와 같은 특별한 경우가 일어나게 될지도 모를 일이다. 그리고 만일 그러한 일이 일어날 수 있다고 하면, 시간 여행 역시 반드시 넌센스라고만 말할 수 없게 될 것이다.

그러면 도대체 왜 물리학자들은 빛보다 빠른 입자라고 하는 당치도 않은 것을 열심히 찾아보려는 것일까?

🔻 모든 물질을 구성하는 입자의 정체는 초 마이크로 존이다.

● 초광속 입자 타키온이란 것은?

이 우주를 이루고 있는 소립자는 지금 매우 많이 발견되고 있다. 양자라든가 중성자·전자·중간자 등은 모두 그러한 것이며, 그 수는 200 가까이 있다.

이 중 빛보다 속도가 느린 것을 제1 그룹이라고 해서 대개의 소립자가 이 무리에 속한다. 이 그룹을 별명으로 타지온이라고 일컫는다.

제2 그룹은 빛과 같은 빠르기로 달리는 것이다. 물론 빛 그 자체인 광자와 뉴트리노라고 하는 입자가 그 무리이다.

전파·단파·열선·적외선·광선·자외선 등은 모두 다 빛의 속도로 운동한다. 이 제2 그룹은 별명으로 '륵시온'이라고 일컫는다.

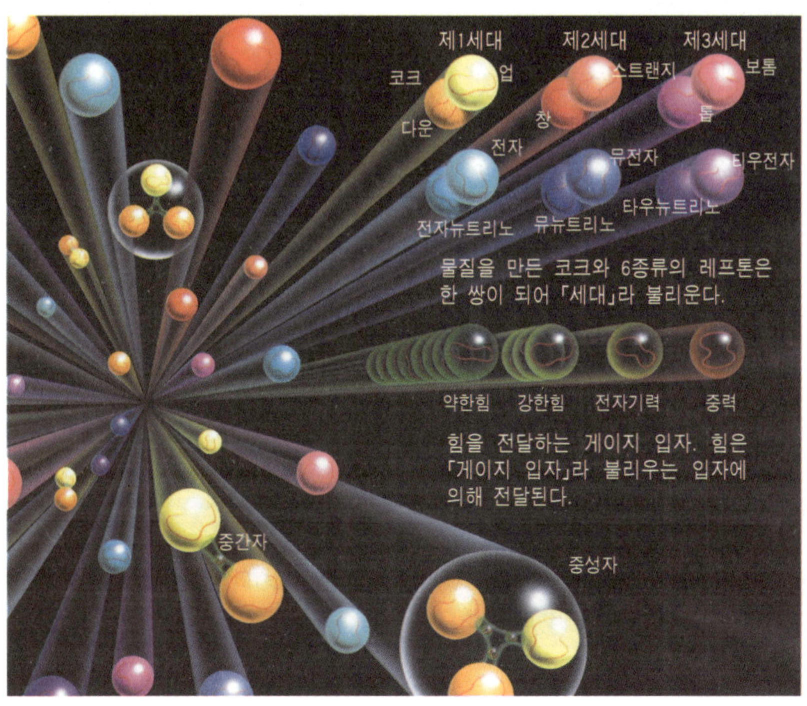

그런데 타지온은 가장 느릴 때는 가만히 정지하고 있으며, 에너지를 대주면 운동을 시작한다. 그리고 입자 가속 장치와 같이 특수한 기계 장치 속에서 속도를 더해 주면 광속에 가까워진다.

그러나 절대로 빛과 같은 속도로 되는 일은 없다. 그것은 빛과 같은 속도로 되면 그 무게가 당치 않을 정도로 크게 되어 버린다는 것이 상대성 이론으로 확인되고 있기 때문이다.

보잘것 없이 작은 물질이 빛의 속도로 되는 순간에 우주 전체와 같은 정도로 무거워진다는 것은 있을 수 없다.

이것에 비해서 륵시온은 본래부터 빛의 속도를 가지고 있다. 그리고 륵시온은 진공 속에서 어떻게 방해를 해도 빛의 속도보다 늦어지지 않고, 어떤 장치에 넣어도 빛의 속도 이상으로는 되지 않는다.

이렇게 생각해 보면 륵시온은 완전히 중립이고, 타지온은 오른쪽(왼쪽도 좋지만)이라고 하는 것처럼 생각되지 않을까?

이리하여 만일 왼쪽(또는 오른쪽)에 해당되는 그룹이 있어서 좋다고 하는 일이 되지 않겠는가?

이것을 플러스와 제로와 마이너스로 생각할 수도 있을 것이다. 즉 플러스에 해당하는 타지온에 대해서 마이너스에 해당하는 것이 빛보다 빠른 입자로 초광속 입자인 것이다.

이것을 별명으로 '타키온'이라고 일컫는다. 타키온은 다른 2개의 그룹의 입자와는 다른 성질을 가져 다른 움직임을 한다.

그 성질이나 움직임을 여기서 간단히 설명하는 일은 매우 어렵다. 왜냐 하면 그것은 말로서 설명하기 어렵고, 수식이나 도표가 필요하기 때문이다.

그러나 하여간 타키온과 같이 다르게 된 입자가 만일 있다면,

하고 생각한 쪽이 '물질의 바탕을 연구하는 소립자론(분자를 이루는 최종의 단위인 소립자의 성질이나 상호 작용을 연구하는 이론)이라든가 양자론(미크로의 대상도 취급하는 새로운 역학이다. 양자 역학을 기초로 한 물리적 이론)과 같은 학문에 있어서 매우 형편이 좋은 것은 확실하다.'라고 하는 것보다 그러한 사고 방식을 유도해 내지 못하면 좋은 설명이 나오지 않는 일이 많을 것이다.

빛보다 빠른 것이 없다면 있을 수 없다는 일이, 원자의 세계에서는 실제로 관찰되고 있다. 그러나 안타깝게도 아직 타키온이 존재한다는 확실한 증거는 발견되지 않고 있다.

앞에서 말한 콜럼비아 대학의 발티 박사들의 연구 그룹에서도 600회의 실험을 되풀이하여 한때는 타키온이라는 것을 잡았다고 발표했으나 실제로는 틀렸던 것이다.

그 후에 또 타키온이 존재한다는 것을 증명하는 데이터는 발견되지 않고 있다. 또 프린스턴 대학에서도 타키온을 잡는 실험을 지금 한창 실시하고 있지만 아직 발견했다는 보고는 없다. 그러나 물리학자들은 단념하려고 하지 않는다. 어떻게 해서든지 타키온을 발견하려고 연구의 노력을 계속하고 있는 것이다.

만일 타키온이 발견된다면 물리학은 아인슈타인의 상대성 이론 이후의 대전환을 하는 일이 된다. 그리고 모든 물리학의 법칙은 보통의 경우와는 다른 특별한 경우를 생각하지 않으면 안 되게 될 것이다. 그리고 초물리학이라고 해도 좋을 정도의 전혀 새로운 과학이 거기로부터 출발하게 될 것이다.

마침내 풀리게 되는
4차원의 수수께끼

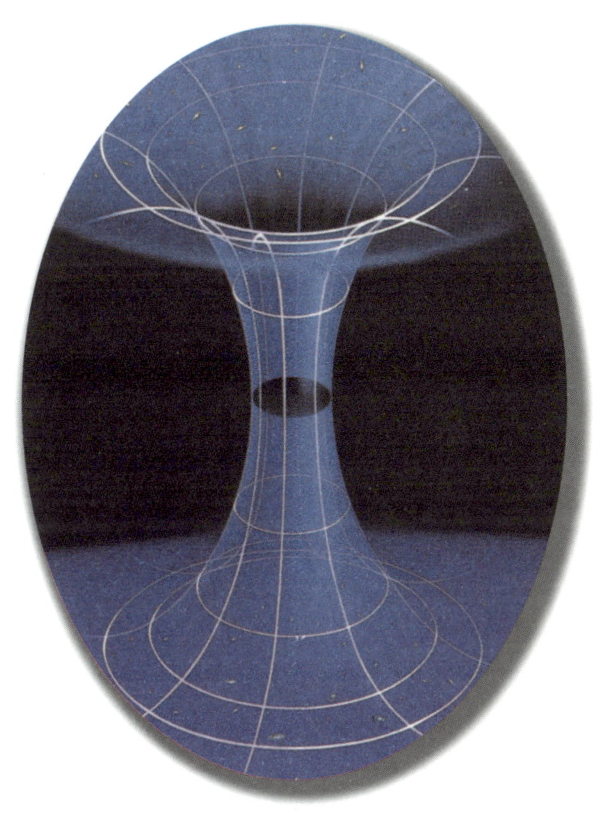

초자연 현상

● 슈퍼 과학적 해석

앞에서 말한 바와 같이 새로운 과학이 실현되었을 때는 보통의 시간이나 공간에 대한 사고 방식을 초월한 초자연 현상도 진실한 뜻으로 알려지지 않는 것일까?

차원 이동이라든가 시간 여행이라고 하는 것이 과학적으로 연구될 날이 오지 않을 것인가?

그러한 날이 올 것인가 안 올 것인가는 지금으로서는 알 수 없는 일이다.

안 올는지도 모른다. 그러나 만일 온다면?

그 때에는 초자연 현상이 보통의 과학적 방법으로서는 이치에 맞지 않는 틀리는 것밖에 보이지 않겠지만, 정말로는 이 우주의 가장 중요한 소립자의 세계나 에너지 세계의 수수께끼와 깊은 관계가 있는 이치에 맞는 정연한 현상임을 알 수 있게 될 것이다.

물론 지금도 말한 바와 같이, 그것은 현재 과학의 수준으로는 단지 상상하는 것밖에 없다. 그러므로 이 상상이 맞는가 틀리는가는 지금에서는 아무도 모를 일이지만, 용기를 내어 다시 조금 상상을 진행시켜 보자.

이를테면 앞에서 소개한 갖가지 실종 미스터리의 경우는 다음과 같이 상상해 볼 수 있지 않을까?

초광속 입자 타키온의 수수께끼를 해명한 우주인이나 미래인이 있다고 하는 것이다. 물론 지금의 우리들은 상상도 할 수 없는 높고도 높은 과학 문명을 가진 사람들이다.

이 우주인 또는 미래인은 타키온을 사용한 초고속 로켓이나 또는 타임머신을 타고서 저쪽 먼 곳의 우주나 그렇지 않으면 몇백 년, 몇천 년의 미래 세계로부터 왔지만 지금의 지구인에게는 알리고 싶지 않았다.

그래서 그들은 시간·차원 제어 장치를 사용하여 그 사람들의 차를 과거나 미래의 세계로, 또는 별차원의 세계로 날려 버린 것이다. 경우에 따라서는 그들이 일부러 한 짓이 아닐지도 모를 일이다.

하여간 타키온이라는 초입자는 타지온이라든가 륵시온과 같은 보통의 입자와는 전혀 다른 것이다. 가까이 가면 매우 심한 반응을 일으켜 보통의 물질인 차나 인간의 몸을 순간적

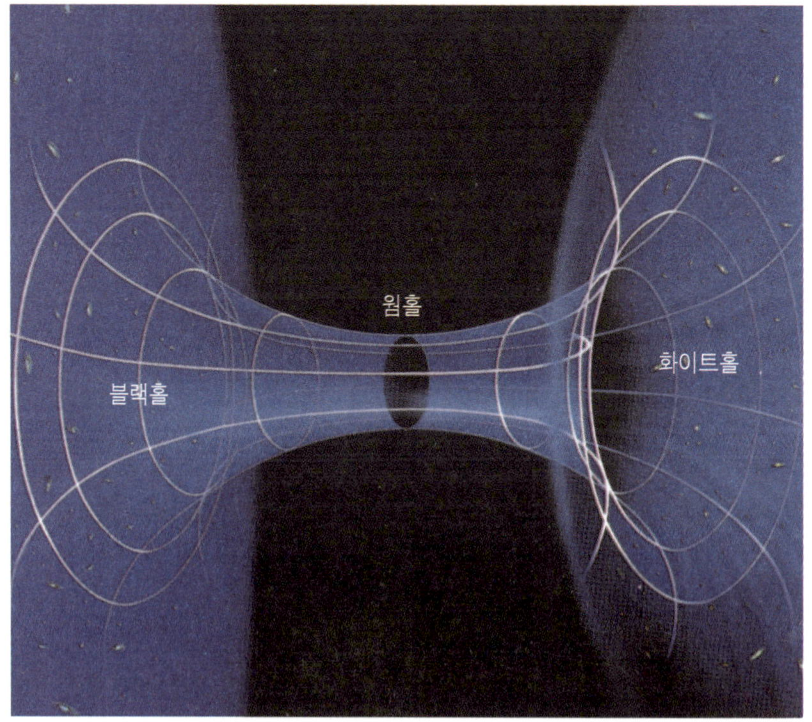

🔴 **블랙홀과 화이트홀을 통과하는 웜홀**—이것은 아주 다른 공간을 통과하는 우주의 탈출로가 될지도 모른다.

으로 분해 증발시켜 버릴는지도 모른다.

또는 가까워진 쇼크로 역시 별차원의 세계나 과거나 미래의 세계로 날려가 버린 것인지도 모른다.

그렇지 않으면 또 다음과 같이 생각하는 방식도 있다.

이 우주는 결코 완전히 안정된 세계가 아니다. 천체 사이의 중력은 미묘한 어긋남을 일으켜 항상 흔들리고 있고, 항성으로부터 날아드는 각종의 방사선에 둘려싸여 있다.

현재 지구에는 여러 종류의 별로부터 중력파가 검출되어 있으며, 또 지구 위에 날아오는 방사선 속에는 명확히 반물질 즉, 보통의 물질과는 반대의 성질을 가진 물질이 포함되어 있다.

　이러한 복잡한 우주이므로 그 갖가지의 힘이 서로 끼어들어 어느 곳인가 큰 비뚤어짐이 생기지 않는다고 말할 수 없는 것이다.　그리고 그 비뚤어짐의 힘이 타키온을 만들어 내고, 순간적으로 시간 여행이나 차원 이동의 작용을 일으키는 것인지 모른다.

　그리고 때때로 거기를 지나가는 자동차나 비행기가 그 작용의 소용돌이라고 할 만한 것에 휩쓸려 과거나 미래나 이차원의 세계로 날려 버리는 것처럼 생각할 수 있을 것이다.

　카리브 해의 마의 삼각 해역에서 계속 행방 불명이 된 비행기의 사건 등은 이러한 해석이 꼭 맞아들어 가는 느낌이 든다.

　그리고 미국의 오리건주에서 말에 탄 소녀가 순간적으로 10킬로미터나 날려가 버리거나 브라질의 사웅파울로나 포르투갈의 리스본에서 알지 못하는 수천 킬로미터로 이동한 차 등의

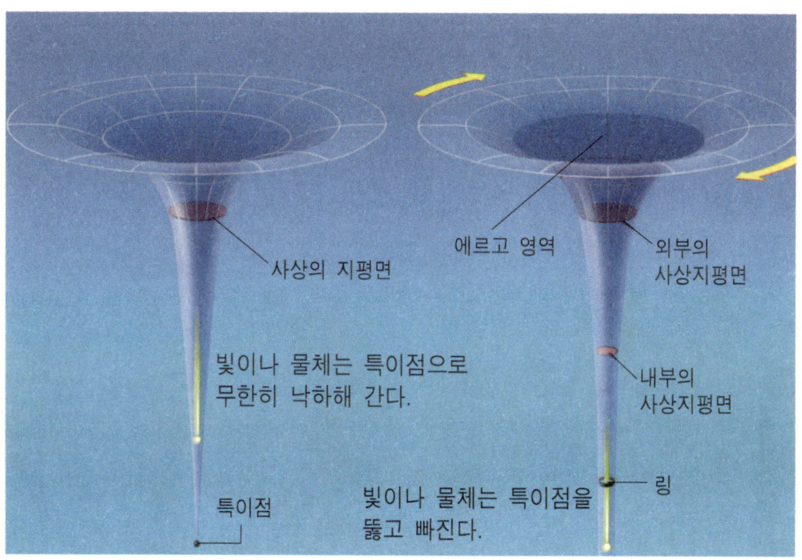

● 블랙홀과 회전하는 블랙홀

경우는 그들이 한 번 그러한 시간·차원 이동의 소용돌이에 휩쓸린 다음, 본래의 세계의 다른 토지로 되돌려진 것인지 모를 일이라고 생각할 수도 있다.

이러한 사건이 뜻밖에도 극히 가까운 곳이나 일정한 지방에 치우쳐 일어난다는 것은 시간·차원의 소용돌이가 일어나기 쉬운 곳이 있다고 말할 수 있을는지 모를 일이다.

초능력 현상에 대해서도 그런 대로의 해석을 할 수 있다.

초능력은 투시이거나, 텔레파시이거나, 예언이거나, 또는 물체를 이동시키는 텔레키네시스이거나, 어느 것에 있어서도 시간과 공간을 초월한 능력인 것이다. 즉 바탕을 캐내면 실종 미스터리의 경우와 같은 종류의 현상인 것이다.

인간 마음의 작용 속에는 때에 따라서는 그러한 시간과 공간을 넘어선 세계, 즉 우주의 바탕의 소립자라든가 에너지의 움직임을 느껴 그 뜻을 이해하는 능력이 숨겨져 있는 것인지도 모를 일인 것이다.

그럼 그러한 능력은 누구에게나 있는 것일까? 그렇지 않으면 특정의 극히 한정된 사람에게만 있는 것일까?

그것은 모를 일이지만 그 수가 적은 것을 볼 때는, 역시 매우 특수한 능력이라고 생각하는 것이 좋을 것이다.

그것은 그렇고 이러한 초능력의 소지자는 그 예민한 마음의 작용에 의해서 보통 과학으로서는 부정되는 것도 슈퍼 과학적인 힘을 발휘하게 된다.

숨겨 놓은 물품을 알아보는 투시 능력이라는 것은, 그 상자의 구조를 4차원적으로 투시해 볼 수 있는 능력이란 것인지 모를 일이며, 또는 각각의 물질이 내는 방사선의 종류를 4차원적으로 느껴 분별하는 능력인지는 모를 일이다.

또 페이터 풀코스와 같이 수첩을 본 것만으로 그 소지자를 알 수 있다는 것은 그 수첩에 붙어 있는 극히 약한 흔적으로부터 소지자 몸에서 일어난 사실을 추측할 수 있는 것인지 모를 일이다. 즉 소지자의 마음과 범인의 마음이 내놓는 심한 뇌파가 그 수첩에 약간 붙어 있는 것을 민감하게 느끼는 것이다.

'인간의 마음에는 전파를 느끼는 능력이 없다'라고 설명했는데, 그것은 보통 상태일 때 또는 보통 사람에게만 말할 수 있는 것인지 모를 일이다.

이러한 초능력자의 마음의 작용에는 어떠한 약한 전파에도 4차원적으로 시간과 공간을 넘어서 포착하는 초능력이 있을지도 모른다.

이렇게 생각해 보면 보통의 텔레파시 현상 등은 아마도 존재하는 것 같은 느낌이 들지 않는가?

예지 능력은 이러한 텔레파시 능력이 더욱 강력한 것이라고 생각할 수 있다. 예지 능력의 소지자는 보통의 물질인 소립자 속에 들어 있는 초광속 입자 타키온을 알아 낼 수 있다.

타키온은 미래로부터 날아온 입자이므로, 그 입자를 모아서 그로부터 데이터를 얻을 수 있다면 미래에 일어날 일도 손쉽게 알 수 있게 되는 것이다.

다시 텔레키네시스(염동력)는 초능력자의 정신 집중이 4차원적으로 하나의 강한 물리적인 힘으로 된 것이라고 생각할 수 있다.

하이덴베르크는 양자가 관찰되는 것만으로서 그 운동을 바꾸는 일이 있다고 하는 생각으로부터 그 '불합리의 이론'을 만들어 내었다.

그것을 간단히 말하면 관찰하기 위해 빛에 쬐인 양자가 그

빛에 의해서 운동의 코스가 굽어진다는 것이다.

그렇다면 시간과 공간을 초월한 우주의 바탕이 되는 힘을 느낄 수 있는 초능력자가, 그러한 하나하나를 보면 매우 작은 측정할 수도 없는 약한 힘을 4차원적으로 모아 강화시켜 그것을 강한 에너지로 바꾼 다음, 그것으로 물체를 움직이거나 눈을 생각대로 굴리거나 하는 데 사용한다고 생각할 수 있지 않을까?

● 신세계로의 출발

그러면 마술이나 기적과 같은 슈퍼 과학적 능력을 과학적·기술적으로 실현시킬 수 있는 일이 가능할 것인가? 이것 역시 지금에 있어서는 실현될 가능성은 전혀 없다.

그러나 앞에서도 말한 것과 같은 생각으로 전혀 없다고 생각하는 것은 오히려 어리석게도 장래의 인류의 힘을 가볍게 보아 넘기는 결과밖에 되지 않을 것이다.

SF 소설은 공상과 과학을 집어넣은 새 이야기이다. 그리고 그것은 장차 과학 기술이 발달된 세계의 일을 공상하는 단 하나의 방법이기도 한 것이다.

따라서 SF 소설에는 앞에서 쓴 것과 같은 슈퍼 과학적인 것이 많이 등장한다. 이를테면 텔레파시가 그것이다.

SF에서는 곧잘 미래의 인류라든가 우주인이 텔레파시 능력을 가지고 있어서 서로 말을 사용하지 않고 마음과 마음으로 통하는 장면이 흔히 있다.

이러한 미래인이나 우주인은 슈퍼 과학의 힘에 의해서 마음속에 품어져 있는 초능력을 끄집어 내어 강하게 해서 텔레파

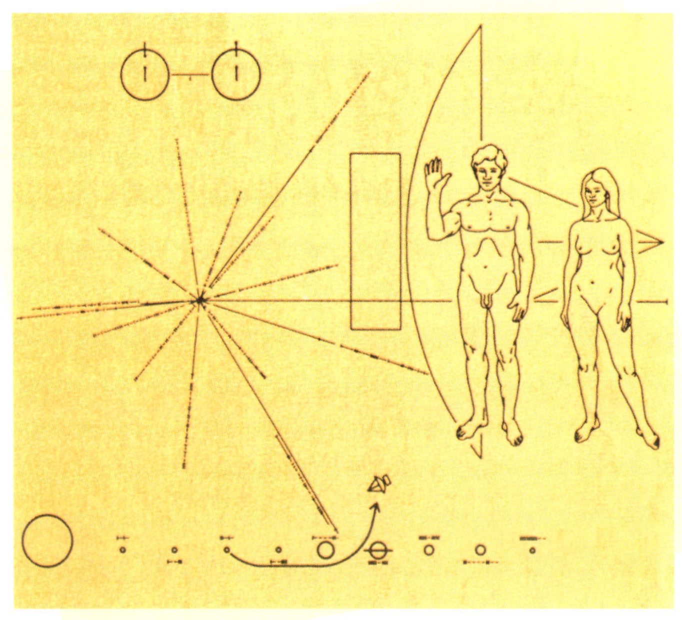

파이어니어 1호에 부착된 외계인에게 보내는 메시지

시로 회화할 수 있도록 되어 있다.

투시 능력도 그러한 것의 하나이다. 텔레포테이션도 잘 사용된다.

이러한 것들은 어떤 인간이 위기 일발이라고 하는 갈림길에 서서 어떻게 해서든지 달아나려고 정신 집중해서 생각했을 때 갑자기 나타난다고 하는 경우가 많은 모양이다.

이를테면 대우주의 한복판에서 고장난 우주선 속에 갇혀 있었던 인간이 돌연 수억 킬로미터의 우주 공간을 순간적으로 날아 지구에 있는 자기 집에 도착했다는 정도이다.

만일 이러한 일을 누구라도 할 수 있다면 우주 비행도 그 형태가 완전히 달라질 것이다.

사람들은 우주선이 가령, 4차원적 항법으로 빛의 속도 제한도 없이 나는 워프우주선과 같은 것이라고 해도 아무것도 타지 않고 우주를 자유자재로 날게 되는 것이다.

물론 이 경우 진공이나, 열과 추위나, 방사선에 대해서 걱정하지 않아도 좋다. 그 때 인류는 진정으로 우주 여행을 시작한 일이 되며, 또 우주 문명에 참가한 셈이 된다.

만일 텔레파시나 텔레포테이션이 실현된다면 문명 그 자체도 완전히 바꾸어져 버릴 것이다.

인류 문명은 지금까지 모두 다 말이나 글자 위에서 이루어졌다. 또 최근에는 사람에게 어떤 일을 전하는 데 화상 즉

텔레비전도 사용하게 되었다. 그러나 만일 텔레파시가 생긴다면 그러한 것의 필요는 일체 없어져 버릴 것이다.

또, 문명은 거리에도 큰 관계가 있다. 각각의 다른 토지에 사는 사람들은 거리상으로 떨어져 있는 다른 사람들과 서로 접촉하는 것으로서 문명은 이루어진다. 그런데 그 거리가 전혀 없는 것과 같게 되므로 인류 문명이 새로운 것으로 바꾸어질 것도 당연한 일일 것이다.

과거나 미래에 대해서 알거나 또는 왕래해 보고 싶다는 염원은 SF에서는 물론 타임머신이나 시간 여행으로 해서 나온다.

그리고 그것이 SF에 있어서 없어서는 안 될 도구로서의 하나가 된다는 것은 새삼 설명할 필요도 없는 것이다.

차원 전위에 대해서는 지금까지 몇 개의 예로 설명했으므로 여기서는 생략한다.

또 아무것도 없는 곳에서 물건을 끄집어 낸다는 것도 물질 복제기라고 하는 아이디어로 되어 SF에 등장한다. 물질 복제기는 공간에 있는 여러 가지 원소를 모아 조합시켜 필요한 것으로 만든다고 하는 편리한 기계이다.

이 세상에 있는 모든 물질은 90개 이상의 원소의 조합으로 되어 있으므로 이 공상은 이치에 맞는 것이다.

단 그 조합에는 아는 것만으로도 마음이 멀어질 정도로 많은 양의 데이터를 필요로 하므로, 지금의 과학적 사고 방식에 의하면 절대 불가능한 일이다.

더욱이 이것을 실지로 조합시켜 만든다고 하는 것은 황당무계한 말이 되어 버릴 것이지만, 이것도 무엇인가 그 물질을 4차원적으로 모으는 방법이 발견되면 반드시 불가능한 것만은 아닐 것이다.

이와 같은 생각은 모두 SF에서의 발상이다. 또, SF에는 변신 능력이 있는 우주인이 곧잘 등장하지만 이것은 복제기와 같은 것을 정신력만으로 하려는 것이다. 머릿속에서 생각하는 것만으로 이내 개로 되거나 또는 몸의 상처를 치료해 버린다고 하는 것이다.

다른 세계로 가 버리고 싶다고 하는 염원은 이차원인 것의 SF로 되어 있다.

죽은 자의 세계로 간다고 하는 염원은 그리 많지 않으나 인간은 '육체가 죽어도 정신은 남는다.'라고 하는 종교적 사고

🔺 무당들은 신이나 죽은 사람의 영혼과 대화를 할 수 있다고 주장하고 있다.

방식은 역시 SF 속에서 취급되고 있다. 즉 유령도 SF에서는 실재하는 일이 있는 것이다.

생명은 육체와 그로부터 태어난 정신으로 되어 있다. 정신은 말하자면 강한 에너지의 집합체로서 특별한 경우에는 육체가 죽은 뒤에도 살아 남는다. 그것이 소위 유령인 것이다.

또 다음과 같이 생각하는 일도 있다.

이 우주의 모든 현상은 무수한 원자의 운동에 의해 일어난다. 지구 위의 모든 역사도 나나 너가 살고서 이처럼 움직이고 있는 것도, 바탕을 캐 보면 원자의 운동이다. 그리고 이러한 원자의 운동은 공간에 극히 적은 그러나 아주 특별한 흔적을 남긴다.

그러므로 만일 그 뒤를 정확히 기록하여 재현할 수 있다면 과거의 역사를 그대로 부활시킬 수도 있는 것이다.

그리고 만일 인간의 정신에 그러한 흔적을 부활시키는 능력이 갖추어져 있을 경우에는 옛날 죽은 사람의 모습이 보이거나 소리가 들리거나 하는 경우도 있다. 이것이 유령이라는 것이다.

SF에서는 이 밖에도 옛날의 신화·전설·괴담 등에 나오는 갖가지 초자연 현상에 슈퍼 과학적인 해석을 하고, 그것을 이야기 속에 등장시키고 있다. 이것들은 물론 모두 다 SF적인 공상이다.

그러나 지금까지 되풀이해서 말한 것처럼, 우리들은 이러한 공상의 세계를 확대하려는 마음을 결코 잃어서는 안 된다.

그러한 마음이 현대 과학을 넘어선 새로운 영역으로 우리들을 이끌어 줄 것이라는 것이다.

과학과, 그리고 지금은 공상으로 밖에 취급되지 않으나 반드시 있을 법한 슈퍼 과학과 이 2가지의 것을 합한 세계는 마땅히 인류를 기다리고 있는 미래인 것이다.

우주의 이차원 세계

블랙홀

● 아인슈타인의 이론에 대한 불가사의

아인슈타인이 20세기 초엽에 발견한 '상대성 이론'이라고 하는 이론을 발표했다는 것은 여러분도 알고 있을 것이다.

이 상대성 이론에 의하면 속도가 빛의 속도에 가까워짐에 따라 자의 길이가 줄어들어 모든 무게가 무거워진다.

또 무거운 별의 둘레에서는 빛이 바로 나아가지 못하고 마치 렌즈를 지났을 때와 같이 굽어져 버린다. 빛의 색깔도 별의 무게에 의해서 달라져 버린다.

이것은 매우 이상한 현상이지만 결코 잠꼬대나 틀린 이론이 아니며, 많은 학자들이 증명하고 또 실험으로도 확인되고 있다.

시간은 지금도 쉬임없이 물 흐르듯 흘러간다. 우리는 이 시간 속에서 움직이며 살아가고 있다.

옛날엔 시간을 절대적이라고 믿었다. 이 절대적이라는 시간 개념을 근본적으로 뒤엎은 과학자가 아인슈타인이다.

시간은 절대적인 것이 아니라 관측 장소에 따라 서로 다른 값으로 보이는 일이 있을 수 있다고 했다. 그는 시간은 상대적인 양이라고 주장했다.

열차가 광속에 가까운 속도로 달리는데, 그 속도로 상대성의 효과가 분명하게 나타난다.

아인슈타인은 지구와 같이 큰 질량을 가진 물체의 주변에서는 아무것도 없는 공간에 있어서보다 시계가 더디게 간다고 믿었다. 거대한 물체가 마치 인력에 의해 공간을 운행하는 두 물체의 궤도를 비뚤어지게 하는 것과 같다고 했다.

이 주장을 확인하기 위해 과학자들은 100조분의 1의 정밀도를 가진 수소메이저 시계를 로켓에 실어 저 편의 우주 공간으로 내보냈다.

로켓이 지구의 중력의 장으로부터 아득한 저 편으로 시계가 날아감에 따라서 시계는 빨라지기 시작했다. 그 비행 동안에 들어 있는 시계는 지구에 있는 똑같은 정밀한 시계와 비교하여 약 47초나 빨리 갔다고 했다.

아인슈타인이 예견한 바와 같이 시간은 고무줄같이 늘어지거나 오므라진다는 것이 증명된 것이다.

◀▼ 빛의 속도와 상대성 이론—
상대성 이론에 따르면 시간은 공간에서 축소하기 때문에 빛의 속도로 이동하고 있는 우주선 안의 시계는 지구 위에 고정되어 있는 시계보다 천천히 가게 된다.

어떤 물체가 움직이고 있는가, 어느 방향으로 움직이고 있는가, 정해진 위치에 이르는데 어느 정도의 시간이 걸리는가 하는 문제에는 오직 하나만의 정확한 답이 있을 수 없다는 것이다. 그 답은 사람에 따라서 또 관찰하는 지점에 따라서 다르다고 한다.

케이프케네디 우주 기지를 출발한 우주선은 매초에 11킬로미터의 속도로 지구로부터 멀어져 가는 것처럼 보이지만, 우주선 안의 비행사에게는 똑같은 속도로 지구가 자기네로부터 멀어져 가는 것처럼 생각된다.

지구에서 관측자의 생각으로는 우주 비행사의 시계가 발사 전에 정확하게 조정해 두어도 늦게 움직이는 것처럼 생각된다는 현상을 볼 수 있다.

광속으로 날아가는 우주선을 타고 우주를 여행한다면 어떻게 될까?

우주 비행사가 아들이 태어나자마자 곧바로 5년간 우주 여행을 하고 돌아오면 아들은 벌써 고등 학교에 다니는 15세 학생이 되어 있다.

이 경우 우주 비행사는 지구의 시간 15년 동안에 불과 5년밖에 나이를 먹지 않은 셈이 된다.

우주는 우리들이 실제로 상상하는 것보다 기묘할 뿐 아니라 우리들이 상상할 수 있는 이상으로 기묘한 것 같다고 할 수 있다.

지구 위에서는 세월은 사람을 기다리지 않고 자꾸 흘러간다. 그러나 우주 공간을 광속에 가까운 속도로 날아가면 시간은 거의 정지된다.

안드로메다 성운까지 빛과 같은 속도(광속)로 왕복하는 동안에 지구에서는 400만 년이나 흘러간다. 그러나 우주 비행사는 56세밖에 나이를 먹지 않는다.

이것은 공상의 이야기만은 아니다. 아인슈타인은 상대성 이론으로 이를 증명하였다.

수명이 짧은 중간자라도 고속으로 운동하면 좀더 서서히 붕괴되어, 시속 수백만 킬로미터로 비행하는 우주 비행사는 수명이 그만큼 연장된다.

그러나 먼 항성을 방문한다는 것은 당분간은 가망이 없을 것 같다. 조금이라도 광속(시속 10억 8천만 킬로미터)에 가까운 로켓이 만들어지는 것은 아마도 수백 년 후의 일이 될 것이다.

여기서는 이 상대성 이론에 의한 더욱 기묘한 우주형으로서 주목되고 있는 '블랙홀'을 취급해 보자.

● 빛도 날아갈 수 없는 강한 인력

블랙홀이란 우리말로 '검은 구멍'이라는 뜻이다. 어떤 것을 블랙홀이라고 할까?

별은 그 최후의 단계에서 중심부를 중심으로 핵반응이 멎는다. 매우 무거운 별의 경우 별은 자기 무게로 찌부러져서 아주 작고 밀도가 높은 별로 된다.

이 별은 너무나도 무겁기 때문에 인력이 터무니없이 강하고 표면으로부터 밖으로 튀어나가기 위해 필요한 속도가 빛의 속도를 넘고 있다. 그 때문에 만약 속에 빛이 있었다 하더라도 우리들은 절대로 볼 수 없다.

밖으로부터는 그 별 속으로 들어갈 수 있지만, 그 반대는 절대로 불가능한 별이 블랙홀이다.

블랙홀은 직접 볼 수 없기 때문에 뭔가 다른 일과 관련되어서 발견된다. 블랙홀은 인력으로 주위의 물체를 끌어들여서 더욱 커져 간다. 때로는 블랙홀이 블랙홀을 삼켜 버리는 일도 있을 것이다.

백조자리에 있는 X-1이라고 불리는 천체가 유력한 블랙홀의 후보로 꼽히고 있다.

1973년 1월 다음과 같은 과학 뉴스가 있었다.

미국의 프린스턴 대학의 천체 물리학자 레모 르피니 교수가 백조자리의 'X-1'은 블랙홀이 틀림없다는 것을 명확히 했다는 것이다.

'X-1'은 1972년 봄에 과학 위성이 발견한 것인데, 예부터 이론적으로는 생각되었던 블랙홀의 하나가 아닌가 하고 발견할 당초부터 말하고 있었던 것이지만, 이번에 이 교수가 관측한 결과를 자세히 조사하여 그것을 확인했다는 것이다.

그 뉴스에서는 블랙 홀이라는 것은 인력이 너무 세어서 빛까지 흡수해 버리는 별이라고 하였다. 그러나 오히려 반대로 생각하는 쪽이 알기 쉬울 것이라고 생각된다.

보통 별에서 우주선이 출발하려면 별의 인력을 물리칠 만한 힘이 필요하며, 또 그 힘에 의해서 충분한 속도가 나오도록 우주선을 가볍게 하지 않으면 안 된다.

이것은 별의 인력이 커지면 그만큼 어려워진다. 인력이 큰 별에서는 가벼운 우주선이 아니고서는 튀어 날아갈 수 없다.

그러면 여기서 '빛'을 하나의 우주선이라고 생각해 보자. 빛이라면 무게가 없는 것과 같으므로 인력이 얼마만큼 큰 별에서도 튀어 날아갈 수 있을 것이라고 생각된다. 그러나 실제는 그렇지 않다. 빛이라고 해도 튀어 날아갈 수 없을 정도로 매우 큰 인력의 별이 있다. 그것이 '블랙홀(검은 구멍)'이라고 일컫는 이상한 별의 정체이다.

또 하나 이 블랙홀에는 기묘한 성질이 있다. 그것은 자기 둘레에 '시간을 멈추게 하는 벽'을 가지고 있다는 것이다. 그리고 그 벽의 내부는 보통의 우주와는 다른 '이차원(異次元)의 세계'라고 일컫고 있다.

이것은 단순한 공상이 아니라 아인슈타인의 상대성 이론의 방식으로 수학에 의해서 나오는 답인 것이다.

조금 더 자세히 설명해 보자.

● 시간을 멈추게 하는 반지름

아인슈타인의 상대성 이론은 매우 어려운 이론이어서 전문 학자들도 그 방정식을 풀 수 없을 정도이다.

그러나 극히 간단한 경우에는 여러분에게 있어서는 조금 어려운 문제가 되는지 모르겠으나, 고등 학교의 수학을 이해할 정도라면 충분히 알 수 있다. 그와 같은 가장 간단한 상대성 이론의 방정식을 처음으로 정립시킨 사람은 슈월츠실트라는 학자이다.

슈월츠실트는 중앙에 태양이나 지구와 같은 별이 있고, 그 외에는 아무것도 없는 경우를 들어, 이것에 아인슈타인의 방정식을 적용시켜 별의 둘레나 내부의 공간이 어떻게 되는가를 계산했다. 그 결과 무거울 때 그 별로부터 어떤 반지름으로 되는 점에서 시간이 멈추어 버린다는 것을 알게 되었다.

물리학자들은 이 반지름을 '슈월츠실트의 반지름'이라고 일컫고 있다.

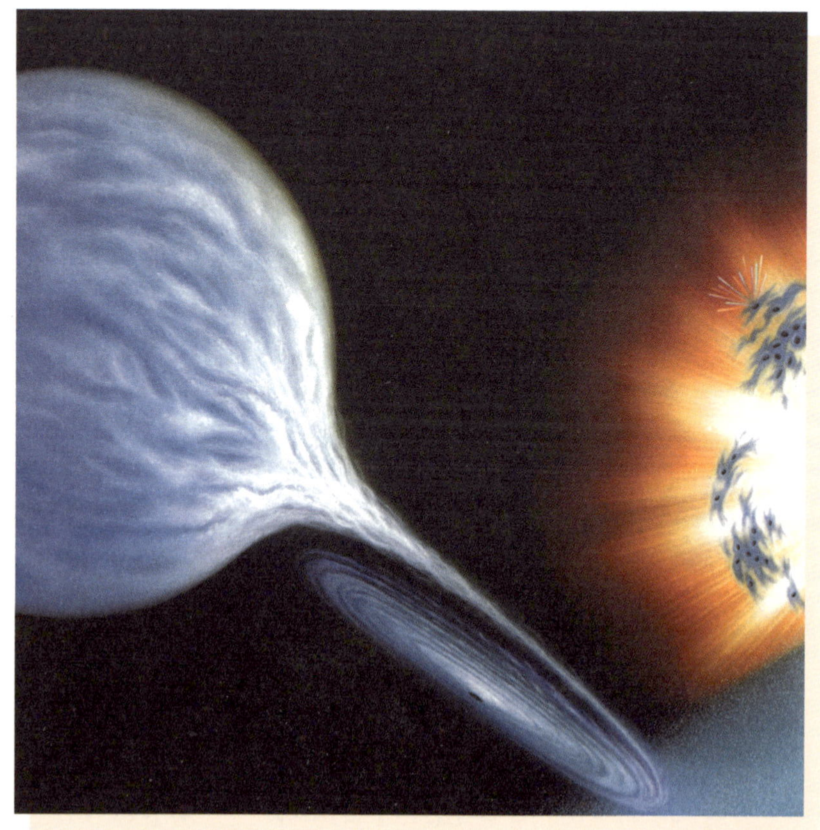

미니 블랙홀은 우주의 초기, 우주가 대단히 고밀도 상태였던 시기에 만들어졌다. 그러나 미니 블랙홀은 '암흑 물질'로써 현재의 우주를 채우고 있는지도 모른다.

● 지구를 9밀리미터로 줄인다

여기까지 읽고서 여러분은 의문을 품게 되는지 모른다.

시간이 멈춘다는 것은 쇼킹한 이야기이지만 지구나 태양의 둘레에서 그와 같은 이상한 현상이 일어날 반지름이 있다는 이야기를 들은 바 없기 때문이다.

확실히 지금에 있어서 우리들의 둘레 공간에는 그와 같은 반지름이 존재하지 않는다. 지구 중심에 얼마만큼 가까워져도 시간이 멈춘다는 것은 없다.

그러면 슈월츠실트의 계산은 틀린 것일까? 그렇지는 않다. 계산은 바른 것이다. 그러면 우리의 둘레에서는 어찌하여 시간이 멈추어지지 않는가?

그 대답은 간단하다. 지구나 태양이 가볍기 때문이다. 또는 밀도가 작기 때문이라고 해도 될 것이다.

슈월츠실트가 계산한 결과에 의하면 시간이 멈추는 현상은 지구를 반지름 수 밀리미터라고 하는 작은 것으로 눌러서 줄일 때 그 중심으로부터 9밀리미터의 지점에서 일어난다고 한다.

지구의 반지름은 6천 킬로미터 이상이나 되므로, 이것을 수 밀리미터까지 눌러 줄인다는 것은 실제로는 할 수 없는 일인 것이다.

'시간이 멈춘다'라고 하는 SF적 사건이 지금 우리의 주위에서 일어나지 않는 것은 이와 같은 이유 때문이다.

● 상상도 할 수 없는 이차원 세계

그러나 지금 가령 이 우주에 매우 무겁거나 매우 밀도가 큰 별, 이를테면 반지름이 1킬로미터밖에 되지 않고 무게가 태양과 같은 별이 있다고 하자.

이 경우라면 중심에서 약 3킬로미터인 곳에서 시간이 멈추어 버린다. 그러면 이와 같은 슈월츠실트의 반지름 내외에서는 어떤 일이 일어나겠는가? 먼저 망원경으로 이 무거운 별에 가까이 다가가는 우주선을 쳐다본다고 하자.

그러면 그 우주선의 시간은 반지름 3킬로미터 지점에 가까워짐에 따라 나아가는 모양이 느려지고, 마침내 3킬로미터의 지름(슈월츠실트의 반지름)에서 정지되는 것을 볼 수 있을 것이다.

즉 우주선은 그 지점에서 얼음에 갇혀진 것처럼 움직이지 않게 되어 버린다.

그러면 그 지점에서 내부의 것, 이를테면 그 별의 표면은 어떻게 되어 있는 것일까? 그런 것은 어떤 훌륭한 망원경을 사용해도 절대로 알 수 없다. 왜냐 하면 이 슈월츠실트의 반지름은 시간을 멈추게 할 뿐만 아니라, 빛을 밖으로 내는 성질을 가지지 않기 때문이다.

그러므로 슈월츠실트의 반지름 안쪽은 바깥 쪽에 있는 우리들로서는 전혀 알 수 없는 '이차원(異次元)의 세계'라고 할 수 있다. 그리고 이 이차원 세계가 뉴스에 나와 있는 블랙홀인 것이다.

이와 같은 이상한 이차원 세계가 실제로 존재하는가에 대해서는 아직 학자들 사이에서도 의견이 일치되지 않고 있다.

그러면 프린스턴 대학의 르피니 교수들의 학설이 바르다고 하면 그것은 우리들에게 훌륭한 '꿈'을 대어 줄 것이다.

'시간을 멈추게 하는 벽'에 둘러싸인 이차원 세계가 이 우주에 실제로 존재하는 것이므로……

초능력의 수수께끼

2007년 1월 10일 3판 1쇄 인쇄
2007년 1월 15일 3판 1쇄 발행

엮은이
학생과학문고편찬회

펴낸이
조 병 철

펴낸곳
한국독서지도회

경기도 고양시 일산동구 장항동 580
TEL (031)908-8520 · FAX (031)908-8595
출판등록 : 1997년 4월 11일 (제 406-2003-016호)

✱ 잘못된 책은 바꿔 드립니다.
  ISBN 89-7788-192-7